LA
MAISON DE FAMILLE
DES ORPHELINS

FONDATION DE M. L'ABBÉ SARRAUSTE

EN AUVERGNE

POUR CONSTITUER UN FOYER RURAL AUX ORPHELINS DÉLAISSÉS DANS LES VILLES

RAPPORT

Présenté le 17 Mars 1878, à la *Société d'Économie sociale*

par

M. Alexis DELAIRE

ANCIEN ÉLÈVE DE L'ÉCOLE POLYTECHNIQUE

SE VEND AU PROFIT DES ORPHELINS

Prix : 75 centimes

PARIS

CHEZ LE TRÉSORIER DE LA *SOCIÉTÉ D'ÉCONOMIE SOCIALE*
34, rue du Rocher, 34

ET CHEZ LARCHER, LIBRAIRE
57, rue Bonaparte, 57

—

1878

LA

MAISON DE FAMILLE

DES ORPHELINS

LA
MAISON DE FAMILLE
DES ORPHELINS

FONDATION DE M. L'ABBÉ SARRAUSTE
EN AUVERGNE
pour constituer un foyer rural aux orphelins délaissés dans les villes

---

RAPPORT PRÉSENTÉ LE 17 MARS 1878
A LA SOCIÉTÉ D'ÉCONOMIE SOCIALE

Par M. Aléxis DELAIRE
Ancien élève de l'École polytechnique.

> Mon fils, sois miséricordieux pour les orphelins
> comme un père, et l'Éternel aura compassion de
> toi plus qu'une mère.
> *Ecclésiastique*, IV, 10-11.

PARIS

CHEZ LE TRÉSORIER DE LA SOCIÉTÉ D'ÉCONOMIE SOCIALE
34, RUE DU ROCHER, 34

ET CHEZ **LARCHER**, LIBRAIRE
57, RUE BONAPARTE, 57

—

1878

SOMMAIRE

LA

MAISON DE FAMILLE
DES ORPHELINS

FONDATION DE M. L'ABBÉ SARRAUSTE EN AUVERGNE
pour constituer un foyer rural aux orphelins délaissés dans les villes

------

RAPPORT PRÉSENTÉ LE 17 MARS 1878
A LA
SOCIÉTÉ DES ÉTUDES PRATIQUES D'ÉCONOMIE SOCIALE (1)

Mesdames et Messieurs,

En ouvrant la présente session, notre honorable président (2) nous rappelait, comme un encouragement, que les faits sociaux mis en lumière depuis vingt-cinq ans par les travaux de notre éminent secrétaire général (3) et par les efforts de notre Société, avaient désormais leur place dans les préoccupations des pouvoirs publics ; et nous étions heureux de constater la trace de cette sollicitude

------

(1) La Société internationale des Études pratiques d'économie sociale a été fondée en 1855, sur le vœu que l'Académie des sciences avait émis en couronnant l'ouvrage intitulé : Les Ouvriers européens; elle a été reconnue comme établissement d'utilité publique par décret impérial du 15 mai 1869. Elle a eu l'honneur de compter parmi ses présidents MM. Wolowski, Augustin Cochin, le vicomte de Melun, J. Dumas, le comte Daru, Léon Cornudet, Batbie, Michel chevalier, etc....

(2) M. E. Cheysson, ingénieur en chef des Ponts et Chaussées, ancien directeur du Creusot.

(3) M. F. Le Play, ancien sénateur, ancien commissaire général aux Expositions universelles de 1855, 1862 et 1867; auteur des Ouvriers européens et de la Réforme Sociale en France.

dans telle réforme légale oubliée depuis nos désastres et reprise récemment, ou dans telle enquête administrative prescrite d'hier.

Il n'est pas moins satisfaisant de voir l'influence des mêmes démonstrations expérimentales s'accuser dans le domaine plus modeste de l'initiative privée, et les idées qui nous sont chères inspirer des institutions charitables en leur donnant un caractère social des plus féconds.

C'est à ce titre que la *Maison de famille*, fondée par M. l'abbé Sarrauste pour les orphelins, se recommande à votre attention. Mais vous savez, Messieurs, que nous ne devançons jamais ici le jugement que porte le temps, le verdict que rend l'expérience sur les nouveautés plus ou moins intéressantes que voit éclore notre monde aventureux. Aussi, est-ce seulement parce que dix années de succès en ont justifié les principes, que l'œuvre a paru à votre Conseil mériter de vous être décrite. Pour étudier la *Maison de famille*, j'ai suivi pas à pas cette méthode des monographies familière à notre Société, et je me suis conformé, malgré la spécialité du sujet, au cadre qui vous est bien connu. Mais avant d'en parcourir avec vous les différentes divisions, il importe de sonder la profondeur des plaies sociales qu'il s'agit de soulager. Nous serons mieux en mesure ensuite de comprendre l'économie de l'institution, mieux à même, enfin, d'en apprécier l'avenir.

Nous examinerons donc d'abord, si vous le voulez bien, la destinée de l'enfance délaissée et le rôle des orphelinats agricoles; ensuite nous irons visiter la *Maison de famille* de Notre-Dame du Capital; enfin, dans une courte conclusion, nous chercherons à préciser pour quels motifs et à quelles conditions les imitations de ce modèle peuvent se multiplier.

Vous excuserez l'insuffisance de l'exposé, et si vous y rencontrez çà et là quelque observation juste, je vous la restitue par avance : l'honneur du bien revient tout entier à la méthode qui est vôtre, et le rapporteur n'a en partage que la responsabilité des imperfections.

I.

LA DESTINÉE DE L'ENFANCE DÉLAISSÉE ET LE RÔLE DES ORPHELINATS AGRICOLES.

Au xviiie siècle, on sacrifiait volontiers à l'emphase classique des généralisations pompeuses ; de nos jours, la faveur est aux études précises, circonscrites dans un cadre défini. L'une de celles qui nous arrivent de l'autre côté de l'Atlantique rappelle, par certains côtés, ces monographies successives d'une même famille ou d'un même type social dont il a déjà été parlé plusieurs fois parmi nous. C'est la très-véridique histoire d'une dynastie de voleurs qui dure depuis cent ans, et qui, d'après son historiographe, ne semble pas prête à s'éteindre. Vers le milieu du siècle dernier, vivait dans le comté de New-York un certain Max, sorte de pionnier, chasseur et pêcheur, hardi buveur, joyeux compagnon, plein d'aversion pour une besogne régulière, travaillant dur à ses heures, mais plus souvent paresseux. Aveugle dans sa vieillesse, il mourut laissant de nombreux enfants, la plupart illégitimes. Deux de ses fils épousèrent deux filles dont l'origine est restée obscure, mais elles avaient trois autres sœurs, et de ces cinq femmes est sortie la lignée dont M. R. Dugdale a pu suivre la trace malgré la multiplicité des noms, débrouiller la filiation à travers d'inextricables irrégularités, écrire enfin les annales sous un nom patronymique « The Jukes » (1). Pendant six générations, les 709 individus dont la vie a pu être connue avec exactitude, ont fourni 206 mendiants qui ont été secourus ensemble, à domicile ou dans les asiles, pendant 830 années ; 76 condamnés, qui, pour 115 vols ou incendies, ont fait 116 années de prison ; enfin, 128 filles, qui sont descendues au dernier échelon de la dégradation. Et je vous fais grâce, dans cette statistique, de ce qui a trait à l'ivrognerie, aux maladies et à la démence. Hâtons-nous de dire, avec M. Dugdale, qu'une si lamentable destinée ne saurait être attribuée seu-

---

(1) *The Jukes, a study in crime, pauperism, disease and heredity*, by R.-L. Dugdale ; New-York, Putnam's Sons, 1877.

lement à l'hérédité fatale du sang, et que la cause en est surtout à l'influence délétère des exemples offerts à l'enfance par ces truands échappés de la Cour des Miracles, dans ce milieu où la misère et la maladie côtoient le crime et la débauche. Mais ce n'est pas tout : d'autres individus du même sang ont pu être suivis pendant une partie de leur vie ; d'autres encore ont existé, bien qu'on ait perdu leur piste. Le nombre total paraît être de 1,200 personnes, et c'est proportionnellement à ce total qu'il faut modifier les divers chiffres indiqués ci-dessus. Si l'on calcule alors, même au taux le plus bas, le coût de cette famille, c'est-à-dire ce que l'État ou le comté ont dépensé pour elle pendant soixante-quinze ans en secours à domicile ou dans les dépôts de mendicité, en poursuites et en condamnations, en surveillance de police, en séjour dans les prisons, les hôpitaux ou les asiles d'aliénés, etc., — l'énumération est encore longue, — on arrive au chiffre assez éloquent de 6,250,000 francs. Et cela, sans compter l'argent gaspillé en whisky, sans parler ni de l'héritage de paupérisme et de crime légué aux survivants, ni du lourd fardeau de maladies incurables et d'aliénation mentale que cette débauche fera peser encore sur trois ou quatre générations. Si je vous ai présenté, Messieurs, un si triste tableau, c'est qu'il me semble très-propre à faire saisir, par la réalité de faits méthodiquement constatés, la connexité intime qui lie la criminalité de l'adulte à la corruption de l'enfant, et à démontrer le devoir impérieux qui, au nom de l'avenir, s'impose à chaque génération. N'est-il pas évident, en effet, que s'il eût été possible, par une prévoyance éclairée, de guérir le mal à sa source, le sacrifice pécuniaire, fait il y a un siècle, eût été une excellente affaire au seul point de vue humain en même temps qu'une œuvre pieuse devant Dieu ?

J'aurais pu, du reste, sans aller si loin, trouver chez nous des exemples qui conduisent à la même conclusion : je n'en cite qu'un. Naguère, un accusé avait à répondre devant la Cour d'assises d'un assassinat commis avec une horrible férocité. Efforts des magistrats, surprises de l'interrogatoire, terreur du châtiment ou espoir d'indulgence, rien n'avait pu triompher de son cynisme et lui arracher son secret. Je ne sais quel témoignage d'humanité venu de la part d'un chef de la police, — bien mince témoignage, le don d'une paire de chaussures; si j'ai bonne mémoire, — le fit tout à coup fondre en larmes, et spontanément il avoua son forfait. « Que voulez-vous, disait-il, depuis l'âge de sept ans je me suis trouvé seul sur le pavé de Paris ; je n'ai jamais rencontré personne qui se soit intéressé à moi ; ma vie s'est passée entre la prison et le bagne ; je n'avais d'autre perspective que le vol, j'ai volé ; j'ai fini par tuer. » Triste et trop commune destinée qui, de l'abandonné, fait un criminel. Aussi, parmi les causes nombreuses auxquelles, dans son rapport sur la statistique judiciaire en 1872, l'honorable M. Dufaure attribue l'accroissement continu de la criminalité, faut-il mettre au premier rang celles qui concourent à augmenter le nombre des vagabonds et des délaissés, c'est-à-dire la désorganisation croissante de la famille par la corruption des mœurs, et l'agglomération, chaque jour plus grande, de la population dans les villes.

Si, pour nous borner à ce qui touche plus particulièrement l'objet de ce rapport, nous consultons la statistique des jeunes détenus, nous voyons l'influence pernicieuse du milieu urbain s'accuser plus encore pour l'enfant que pour l'adulte. Sur une population de 8,000 enfants, qui étaient en 1872, — et les chiffres augmentent un peu d'année en année, mais les proportions restent les mêmes, — dans les établissements pénitentiaires ou les maisons de correction, plus de la moitié, près des deux tiers provenaient des villes, et un sixième environ était fourni par le seul département de la Seine. Quelle que soit, au surplus, la question que l'on adresse à cette statistique, en parvient toujours à la même conclusion. Sur ces 8,000 enfants, 2,400 étaient issus de vagabonds, de mendiants ou de prostituées, c'est-à-dire avaient grandi dans la misère et les mauvais exemples ; près de 3,000 étaient orphelins, c'est-à-dire privés de leurs protecteurs. Ajoutez 1,350 enfants naturels et autant d'enfants de parents condamnés, et vous aurez 5 à 6,000 petits êtres qui n'auront que peu ou point connu la famille. 80 % avaient reçu à peine les premiers rudiments de l'enseignement primaire ; et, bien qu'on ne doive pas ici, plus que pour les condamnés dont l'honorable M. Cave nous parlait dernièrement, expliquer la culpabilité par l'ignorance, on doit reconnaître que celle-ci est en général l'indice d'une extrême misère. Enfin, plus du quart de ces jeunes

délinquants, ainsi que le constatait un savant travail de M. Choppin (1) avaient dû être ramassés sur la voie publique comme vagabonds et recueillis, faute d'autre asile, dans les établissements
pénitentiaires. Encore la police use-t-elle à leur égard de la plus
grande longanimité. On estime en effet à 10,000 le nombre des
enfants de 10 à 16 ans qui vivent à Paris, dans la rue, en dehors
de la famille. Et ce chiffre, difficile à contrôler, paraît au-dessous
de la réalité, puisque d'après le rapport du Directeur de l'instruction
primaire, il y avait en 1875, à Paris, 18,300 enfants de 6 à 14 ans
qui ne recevaient aucune espèce d'instruction. Ajoutez par la pensée, Messieurs, aux chiffres déjà cités le nombre immense d'enfants
naturels ou d'orphelins qui, chaque année, tombent à la charge de
l'Assistance publique et de la charité privée. C'est alors seulement
que l'on comprend quelle responsabilité incombe au présent en
vue de l'avenir, responsabilité d'autant plus lourde, comme le faisait
justement remarquer M. Randall à l'un des derniers congrès pénitentiaires de New-York, que les institutions démocratiques et le
suffrage illimité délègueront plus tard à bon nombre de ces déshérités une part de souveraineté.

On entend dire volontiers que, de notre temps, par un sentiment
plus généreux que réfléchi, on dispute à la mort des enfants étiolés,
toujours chétifs et corrompus, qui ne pourront jamais devenir ni
des parents robustes ni de bien honnêtes gens; que l'on compromet
à coup sûr ainsi la santé physique et morale des générations
futures; et que l'on peut enfin, par cette réflexion, se consoler de
l'insuffisance des résultats obtenus en répétant :

> . . . . . ce que disaient nos pères,
> Que, quand on meurt si jeune, on est aimé des dieux.

J'avoue que, pour ma part, Messieurs, je goûterais peu ce genre
de consolation, s'il devait avoir pour effet de paralyser l'énergie
des efforts, et j'aime mieux m'associer aux éloquentes paroles pro-
noncées devant l'Association américaine de science sociale, par
M. Bagley, gouverneur du Michigan, à la suite d'un rapport sur
l'orphelinat de Coldwater. « Quoi de plus beau, disait-il, que d'ou-

---

(1) *Statistique générale des prisons pour* 1873, par M. Choppin, directeur
général de l'administration pénitentiaire.

vrir les bras à ces innocents, de leur servir de père et de les présenter ensuite aux autres citoyens comme des frères et des sœurs
prêts à les chérir ! »

Deux classes d'institutions répondent à ce besoin de corriger ou
de secourir l'enfance abandonnée : les établissements pénitentiaires
et les orphelinats. Les premiers ont le caractère d'un service public
obligatoire, et ne réclament de ceux qui les dirigent que le dévouement personnel. Ils répriment plus qu'ils ne préviennent, car ils
n'effraient ni les familles, qui trop souvent les considèrent comme
des établissements où leurs enfants seront élevés gratuitement, ni
les enfants, qui savent que là, du moins, *on mange tous les jours*.
C'est, vous le voyez, le même sentiment que celui qui porte les détenus des maisons centrales à aggraver leur crime pour obtenir le
bénéfice de la transportation à la Nouvelle-Calédonie. Les seconds
sont véritablement des institutions de prévoyance destinées à em-
pêcher l'enfance délaissée de descendre la pente fatale dont la
prison est le terme. OEuvres de bienfaisance, ils doivent compter
surtout sur la charité privée et exigent tous les genres de
sacrifices (1).

Je ne dirai rien des établissements pénitentiaires auxquels ont
été consacrés, depuis quelque temps, de remarquables travaux,
notamment par M. le vicomte d'Haussonville et M. Félix Voisin.
Personne, parmi nous, n'a oublié l'intéressant rapport présenté à
notre Société par M. Georges Michel, sur la colonie de Cîteaux (2).

---

(1) Peut-être devrait-on réserver un rang intermédiaire à la plupart des
colonies privées qui, aussi bien que les orphelinats, relèvent de la charité.
Parmi les plus intéressantes, à coup sûr, il faut compter l'atelier-refuge fondé
aux portes de Rouen en 1818, par le vénérable abbé Podevin pour une dou-
zaine de jeunes détenues, et qui abrite aujourd'hui plus de 300 jeunes filles,
détenues ou libérées. Les plus petites suivent la classe et sont occupées aux
menus travaux du ménage, à la confection du linge ou au dévidage du coton.
Les plus grandes cultivent la ferme (120 hectares), soignent les troupeaux,
conduisent les chevaux, labourent les terres, toujours sous la surveillance
des religieuses. Un patronage plein de sollicitude, qui est maintenant la
principale occupation de la sœur supérieure, protège encore les jeunes filles
après leur sortie de l'établissement, lorsqu'elles sont placées comme servantes
ou comme ouvrières.

(2) *Bulletin de la Société d'économie sociale*, t. V, p. 83 (janvier 1876). Voir
aussi dans l'Appendice à la fin du présent Rapport, une note sur l'enfance
abandonnée et les institutions d'assistance en Amérique et en Angleterre.

J'ai eu l'honneur, dans la discussion qui a suivi cet exposé, d'ajouter quelques observations sur la fondation de M. Demetz, sur la méthode familiale suivie à Mettray et sur les imitations qui en ont été faites à l'étranger. Je ne citerai ici que deux créations nouvelles dues à l'initiative éclairée de l'Administration, deux *Écoles de réforme* qui ont été installées depuis peu, l'une dans la Haute-Saône, l'autre à Limoges. Bien que ces institutions n'aient pas encore reçu de l'expérience une complète sanction, les résultats s'annoncent comme excellents. Les enfants y sont élevés jusqu'à treize ans et confiés exclusivement à des religieuses ; ils sont placés ensuite au dehors, selon leur origine, suivant leurs aptitudes et sous une active surveillance. A vrai dire, les institutions pénitentiaires ne touchent à la bienfaisance que par les œuvres de patronage qui suivent le libéré à sa sortie de l'établissement. Et à cet égard, je suis heureux de saluer ici le nom d'un homme de cœur qui, dans une carrière administrative déjà bien remplie, a su faire beaucoup pour les jeunes détenus et a, de plus, efficacement organisé le patronage des libérés adultes de l'un et l'autre sexe (1).

J'arrive aux orphelinats. Le nombre en est grand ; je n'en nommerai aucun, car il en faudrait citer beaucoup pour le zèle qui les a fondés et le dévouement qui les soutient. Les uns, établis dans les villes ou à leurs portes, offrent leurs secours aux populations urbaines et préparent des ouvriers de métier. D'autres répondent à des besoins spéciaux, comme cette école de mousses, cette maison de Notre-Dame des Flots, dont un écho très-parisien nous racontait hier la touchante histoire. D'autres, enfin, en trop petit nombre malheureusement, sont répartis dans les campagnes, surtout dans les régions que le défrichement peut améliorer. L'orphelinat, en effet, pour diminuer la charge qui incombe à la charité privée, doit, en évitant toute spéculation, chercher à rendre productif le travail de ses pensionnaires. Personne n'a plus chaleureusement plaidé cette cause que le fondateur de la colonie du val d'Yèvres, M. Charles Lucas. Depuis trente ans, il développe, par sa pratique

---

(1) Parmi les nombreuses publications de M. J. de Lamarque, chef de bureau au Ministère de l'intérieur, consulter surtout : *La réhabilitation des libérés, manuel du patronage;* in-18, Paris, Berger-Levrault, 1877.

plus encore que par ses écrits, son célèbre aphorisme : « Améliorer l'enfant par la terre et la terre par l'enfant. » Tout dernièrement il a montré, dans un intéressant mémoire présenté à l'Académie des sciences morales (1), l'utilité que l'orphelinat agricole peut retirer des résultats obtenus à la colonie d'essai. Installée, vous vous le rappelez, sur des marais tourbeux, à 8 kilomètres de Bourges, celle-ci a employé avec profit les jeunes détenus à des travaux de desséchement et de mise en culture appropriés à leurs forces. Malgré de légitimes appréhensions, l'état sanitaire n'a pas cessé d'être excellent ; enfin, le succès économique et moral a été constaté par ce fait, qu'en 1872, l'État a acquis l'établissement privé pour en faire une institution publique. Dans les Pays-Bas et la Belgique, on a voulu aussi utiliser, pour le défrichement des landes, le personnel assisté ; mais on a enrégimenté des adultes indigents et des ouvriers d'état ; cela ressemblait fort aux ateliers nationaux, et vous savez quel genre de réussite attend ces sortes d'entreprises. Comme l'a fort bien signalé, dans un rapport officiel, un savant qui, jusqu'au terme d'une verte vieillesse, est resté dévoué à toutes les choses utiles, M. Becquerel, c'est la France qui a montré tout l'avantage qu'on peut retirer des jeunes détenus et des orphelins pour la mise en culture des marais et des bruyères ; et il n'a pas craint d'ajouter que de petites colonies disséminées en grand nombre sur les territoires encore improductifs, auraient à accomplir, grâce aux progrès de l'agriculture, une œuvre comparable à celle que les monastères ont si bien remplie au moyen âge en conquérant à la charrue les massifs forestiers.

Il y a plus : la dépopulation des campagnes est depuis longtemps un fait notoire ; nous l'avons étudiée ici même l'an dernier (2), et vous vous rappelez, qu'à la fin d'une improvisation brillante et fort applaudie, un de nos honorables collègues nous disait : « La population s'éclaircit, les terres incultes vont en se multipliant, *Latifundia quæ perdirere rempublicam.* » Les chiffres du dernier dénombrement, insérés au *Journal officiel* du 17 novembre 1877, confirment malheureusement les paroles de M. de

(1) *Comptes rendus,* numéro de novembre-décembre 1876.
2) *Bulletin de la Société d'économie sociale,* t. V, p. 472, (janvier 1877).

Labry. De 1872 à 1876, la population a augmenté de 802,867 habitants, soit 2.17 0/0 ; c'est la proportion quinquennale ordinaire
depuis un demi-siècle, et nous n'avons fait aucun progrès ; mais
les 2/5 de cette augmentation, soit 313,513 habitants, sont impu-
tables aux seules villes qui comptent plus de 30,000 âmes ; un
quart (220,000 habitants) appartient à Paris, Lyon, Marseille, Rou-
baix, Saint-Étienne et quatre ou cinq autres grands foyers urbains.
Vingt départements, parmi lesquels les riches campagnes de
l'Eure, du Calvados, de l'Orne, de la Manche... ont vu décroître
leur population, attirée vers les centres industriels par la séduction
d'une vie plus facile et l'appât de salaires plus élevés.

N'y a-t-il pas un extrême intérêt à combattre ce mal au moins
dans une faible mesure, en rapatriant dans les campagnes les petits malheureux qui, abandonnés dans les villes, ne voient s'ouvrir devant eux que la plus déplorable destinée ? Telle est l'idée
qui a inspiré le fondateur des *Maisons de famille*. Élevé au milieu
des travaux agricoles, respectueux des coutumes séculaires de la
famille, éclairé par l'expérience de la vie, M. l'abbé Sarrauste,
en même temps qu'il se consacrait au service de Dieu, voua
sa vie au soulagement de l'enfance délaissée. Il a pensé qu'on
s'était trop peu préoccupé jusqu'ici de ce qui manque le plus à
l'orphelin, l'affection de la famille, la discipline du foyer domestique et la stabilité de la maison-souche. Il a pensé que dans
cette difficile mission de régénérer l'enfant par la religion et le
travail, si le but à atteindre était de le fixer à la vie des champs,
le moyen était de lui créer cette famille, ce foyer, cette maison-
souche, et de lui faire partager de bonne heure l'existence même
des paysans. Une pareille Maison de famille ne peut être établie
que loin des grandes villes, afin d'en fuir la séduction ; dans une
contrée pauvre, afin que la terre soit à bon marché ; sur un sol fer-
tilisable, afin que les améliorations soient productives ; au milieu
d'un pays aux coutumes traditionnelles, afin que l'esprit de famille
qu'on veut créer chez l'orphelin soit soutenu par les exemples placés sous ses yeux. Toutes ces conditions se trouvaient réunies,
grâce à la nature des lieux, dans ce pays d'Auvergne dont Élie de
Beaumont nous a tracé l'esquisse en quelques lignes que vous me

pardonnerez de reproduire ici. Après avoir indiqué comment les deux parties principales du sol de la France présentent des structures différentes, le dôme de l'Auvergne avec son soubassement granitique, et le bassin de Paris avec ses assises formées sous les eaux, il ajoute : « Ces deux pôles de notre sol exercent autour d'eux des influences exactement contraires : l'un est en creux et attractif, l'autre, en relief, est répulsif. Le pôle en creux vers lequel tout converge, c'est Paris, centre de population et de civilisation. Le Cantal, placé vers le centre de la partie méridionale, représente assez bien le pôle saillant et répulsif. Tout semble fuir, en divergeant, de ce centre élevé qui ne reçoit du ciel qui le surmonte que la neige qui le couvre pendant plusieurs mois de l'année. Il domine tout ce qui l'entoure, et ses vallées divergentes versent les eaux dans toutes les directions. Les routes s'en échappent en rayonnant comme les rivières qui y prennent leurs sources. Il repousse jusqu'à ses habitants, qui, pendant une partie de l'année, émigrent vers des climats moins sévères. L'un de nos deux pôles est devenu la capitale de la France et du monde civilisé ; l'autre est resté un pays pauvre et presque désert. Comme Athènes et Sparte dans la Grèce, l'un réunit autour de lui les richesses de la nature, de l'industrie et de la pensée ; l'autre, fier et sauvage, au milieu de son âpre cortége, est resté le centre des vertus simples et antiques, et, fécond malgré sa pauvreté, il renouvelle sans cesse la population des plaines par des essaims vigoureux et fortement empreints de notre ancien caractère national. » (1)

C'est là, dans le département du Cantal, que nous allons visiter l'agreste domaine de *La Forêt*. Pardonnez-moi, Mesdames, si la route pour y arriver vous a paru longue et aride, et si je me suis trop attardé dans les détours du chemin.

---

(1) *Explication de la carte géologique de France*, t. Ier.

II.

UNE VISITE A NOTRE-DAME DU CANTAL.

Lorsqu'on quitte Aurillac par la route départementale qui conduit à Montsalvy, on descend d'abord à travers de belles prairies
que la Jordanne arrose avant de rejoindre la Cère à l'aval du joli
village d'Arpajon. Puis la route remonte, la vue s'étend au loin
sur des campagnes bien cultivées ; mais à mesure qu'on s'élève,
les bois et les bruyères remplacent les prés et les champs ; c'est
déjà la montagne. On laisse à droite le clocher gothique et les
grands ombrages de La Capelle del Fraïsse ; après avoir dépassé
le faîte qui partage les eaux entre les affluents de la Dordogne et
ceux du Lot, on se détourne (25 kil.) dans un chemin à peine
frayé au milieu des landes de fougères et de genêts, c'est le sen-
tier de La Forêt. Mauvais en toute saison, presque impraticable
l'hiver, il suit le sommet d'un plateau qui couronne un étroit con-
tre-fort, dont le domaine de La Forêt occupe à peu près l'extré-
mité. Au loin, sur la gauche, le bourg de Montsalvy profile sur le
ciel son clocher massif ; c'est le chef-lieu de canton. Dans la val-
lée qui nous en sépare, on aperçoit plusieurs villages ou hameaux
dont le plus proche est la commune de Calvinet. Après avoir longé
une petite futaie de chênes, le chemin, avant d'y pénétrer, passe
devant un calvaire : c'est la limite du domaine ; encore quelques
pas et nous sommes arrivés. Les bâtiments, irréguliers et de rustique apparence, étagent leurs toits rouges sur le versant d'un
vallon ; de beaux prés qu'encadrent des bois ou des châtaigniers,
descendent jusqu'au ruisseau dont le mince filet s'argente au soleil à travers les rochers ou se dérobe sous l'ombre de la verdure.
La montagne, sur le revers opposé, est couverte de taillis et de
bruyères. Aucun toit ne fume dans la campagne solitaire et sauvage ; seule, la petite flèche de Saint-Antoine se devine dans le
lointain, si le temps est clair. L'impression qu'on éprouve, dès
l'abord, rappelle — *si parva licet componere magnis* — le sentiment de calme recueilli qu'inspire la vue de la Grande-Char-

treuse. Ce n'est certes pas l'asile où les âmes brisées vont chercher la paix en attendant la délivrance ; mais du moins, là aussi, ne pénètre aucun écho des agitations de la vie urbaine ; aucun objet ne peut évoquer le souvenir de ses misères ni éveiller l'idée de ses séductions. C'est la vie de famille et le travail des champs avec leurs plus salutaires influences. Rien ne pouvait être en plus étroite harmonie avec le caractère de l'OEuvre et le but qu'elle poursuit. Mais avant de faire connaissance avec nos orphelins, un mot encore, suivant notre méthode, sur le sol, le climat, les productions et la population de cette partie du Cantal.

Le département se partage en deux régions naturelles. L'une, au nord, volcanique, dominée par le Plomb, couverte de forêts, de cultures et de vignes, a l'apparence d'un cône étoilé par des vallées dont les flancs abrupts laissent voir la superposition des coulées de trachytes tuffacés et de basaltes columnaires. L'autre, au sud, formée par des roches cristallines ou par les plus vieilles assises déposées sous les eaux, offre l'aspect de montagnes rasées, ou mieux, de plateaux découpés par un réseau de crevasses profondes et arrondies, aspect si ordinaire sur le pourtour du massif central, dans le Limousin comme dans l'Auvergne. Granitique ou argilo-schisteuse, elle présente des prairies naturelles, des bois, de maigres cultures de seigle ou d'avoine, de vastes landes, et semble impropre au trèfle et au froment. Mais elle peut acquérir une fertilité remarquable par le marnage, cette pratique si ancienne chez nous, que Varron et Pline, qui en célèbrent les heureux effets, l'appellent « une invention des Gaulois. »

Le climat est froid, vif, très-sain, bien plus sec qu'à Aurillac. A cette altitude de 700 mètres, il n'est pas rare de voir la neige s'accumuler sur une épaisseur d'un ou deux pieds. Elle reste plus ou moins longtemps suivant les hivers, quelquefois pendant plus d'un mois. Les maladies les plus ordinaires sont dues aux variations brusques produites dans la température par le soleil du Midi et le vent de la montagne. Ce sont des rhumatismes, des fluxions de poitrine et des fièvres très-tenaces. Trop fréquemment le rhumatisme se porte au cœur et provoque l'hydropisie ; les affections de ce genre sont parfois mortelles, même chez des enfants de dix à douze ans. Le goître se montre assez souvent, mais dans une autre partie du canton.

Autrefois, assurément, le climat était plus rigoureux et plus humide, alors qu'un manteau forestier ininterrompu recouvrait ces montagnes. Et Tacite eut pu dire de la terre des Arvernes, aussi bien que de la Germanie, que les habitants ne pourraient aimer un pareil pays s'il n'était leur patrie, *nisi si patria sit.* Par une charte de 1119, le comte de La Marche donna le *Mons Salvii* au monastère de Rocamadour (1). La forêt a disparu et le nom de Montsalvy témoigne seul aujourd'hui de son ancienne extension. Indépendamment des châtaigniers toujours abondants, beaucoup de petits massifs épars de chênes et de hêtres ont résisté au défrichement, et le nom de La Forêt n'est pas seulement, croyez-le bien, une réminiscence du passé. Bien souvent, cependant, le bois a été détruit sans être remplacé par une culture durable, et la bruyère de la lande a tout envahi sans offrir d'autre produit qu'une chétive pâture pour les moutons. Il faut donc accomplir une double tâche : conserver à la végétation forestière, ou lui rendre par le reboisement, tout ce qu'elle seule peut occuper avec avantage ; conquérir à la charrue par l'écobuage, le marnage et l'irrigation, tout ce qu'elle pourra transformer en prés ou en champs (2).

Quant aux matières minérales, le département du Cantal a été fort célébré jadis : les Anciens ont chanté la Truyère aux flots dorés, le Tarn aux paillettes d'or (3) ; et le nom d'Aurillac se rattacherait aussi, d'après la tradition, à l'industrie des orpailleurs, qui lavaient encore avec profit, au siècle dernier, les eaux de la Jordanne. Quoi qu'il en soit des travaux de mines, presque tous, d'ailleurs, abandonnés aujourd'hui, il est à présumer que lorsque des voies de communication plus nombreuses permettront l'exploitation facile des filons de plomb argentifère, des gisements d'antimoine et de quelques gîtes curieux de nickel et d'or, la contrée

---

(1) Alfred Maury, *Les Forêts de l'ancienne France*, ch. XXII.

(2) Sur le régime agricole de La Forêt et de ses environs, voir Appendice, note 1.

(3) *Flavum... adspicis Triobrem* (Sidoine Apollin., carm. XXIV). — *Auriferum postponet Gallia Tarnem* (Auson., *Mosellæ*, v. 465).

subira une transformation industrielle qui débute sous nos yeux par l'ouverture du bassin houiller de Champagnac.

Rien à dire des cours d'eau ; très-multipliés comme sur tous les sols imperméables, fortement inclinés, ils permettent des dérivations par canaux ou rigoles à flanc de coteau et rendent possible, par cet arrosage, la création de frais pâturages sur des pentes stériles. Le domaine de La Forêt en offre un exemple très-heureux.

La population au milieu de laquelle nos orphelins sont appelés à grandir, mérite de nous arrêter un instant. Le canton de Montsalvy renferme 10,305 habitants sur 25,800 hectares; mais le bourg, distant de 12 kilomètres et demi de La Forêt, ne réunit guère que 1,100 âmes ; la commune de Calvinet, à 4 kilomètres, en compte à peine 700 sur 1,348 hectares, et sur les communes voisines, la population n'est pas plus agglomérée. Les familles sont nombreuses, les croyances intactes, les mœurs bonnes, l'attachement au foyer toujours vivace ; ce sont des maisons-souches dont *la cheminée,* selon le vieux proverbe du pays, *ne cesse pas de fumer.* On fait un héritier, généralement un aîné; mais l'ingérence croissante des hommes de loi multiplie les contestations en matière de succession (1). Les habitudes d'épargne sont traditionnelles : chacun veut acquérir un petit bien au soleil. Les journaliers, les maçons, les charpentiers, achètent facilement un lopin de bruyère pour y construire leur maison à temps perdu. Autrefois, les relations avec l'Espagne étaient fréquentes, et l'on a signalé souvent comme une trace de leur influence les vêtements sombres et l'imagination vive de la population. Ces relations datent de loin, car au moyen âge déjà les moines d'Aurillac avaient un prieuré à Compostelle. Naguère encore l'émigration des cadets était très-active vers la péninsule, surtout pour y exercer la profession de scieur de long ou de boulanger, et rentrer au pays avec un pécule. Il n'était pas rare, dans les familles riches, de voir le marié, un ou deux mois après son mariage, partir pour l'Espagne et y rester six ou sept ans. Aujourd'hui, sauf, dit-on, pour les villages de Grandelles et d'Yttrac, à l'ouest d'Aurillac, la tradition est perdue : c'est vers

(1) Voir dans l'Appendice quelques détails sur l'organisation de la famille en Auvergne.

Paris que les émigrants se dirigent, et plusieurs ont su y faire de grosses fortunes dans le commerce de la ferraille et les entreprises de démolitions. Bien que le drainage de la population des campagnes au profit des villes soit peut-être moins actif ici que dans les contrées plus anciennement ouvertes aux chemins de fer, cette misère sociale apparaît avec ses inconvénients ordinaires, et nous verrons comment l'exemple de La Forêt peut y porter remède, en retenant les populations au travail des champs, soit par les profits du défrichement, soit par les avantages des baux à long terme.

La Maison de famille de Notre-Dame du Cantal réunit aujourd'hui soixante et quelques personnes. Elle a pour chef son fondateur, directeur et aumônier. Six religieuses se partagent, sous l'autorité supérieure de l'une d'elles, les travaux du ménage et le soin des plus petits enfants. Cinquante orphelins de tout âge, entre cinq et vingt ans, sont présents à la maison. Enfin, le personnel est complété par quatre employés rétribués : l'instituteur, le chef de culture, le jardinier et l'appâtureur. En outre, il est rare que quelques ouvriers, maçons, charpentiers ou journaliers, ne soient pas momentanément engagés pour des travaux urgents ou spéciaux. Depuis la fondation, en 1868, près de quatre-vingts enfants ont passé par la maison ; une vingtaine ont été repris par des parents qui pouvaient s'en charger; un seul s'est placé sans l'agrément du directeur, deux sont soldats, sept sont entrés depuis quelques mois. Fondée avec la pensée de reconstituer à ces enfants le foyer qu'ils ont perdu, l'Œuvre s'est attachée, dès le principe, à recueillir surtout les petits abandonnés que la mort de leurs parents, originaires de l'Auvergne, laissait sans ressource à Paris ou dans les autres grandes villes. C'est un rapatriement véritable. Par extension, on a admis ensuite des enfants qu'aucun souvenir ne rattachait à ce coin de la France, mais dont les protecteurs voulaient lier l'avenir à une famille agricole d'orphelins.

C'est à peine si pendant trois mois d'hiver, de Noël au 25 mars, les enfants sont tous présents à La Forêt : bon nombre d'entre eux, vingt-huit en 1877, et la proportion va croissant chaque année, sont placés pendant une partie de la belle saison dans des familles bien choisies parmi les cultivateurs des environs. La Mai-

son de famille ne conserve guère, pendant l'été, que les plus petits qui réclament des soins maternels et suivent surtout les classes ; ceux que les nécessités de leur santé ou les lacunes de leur
instruction retiennent momentanément au foyer ; enfin, ceux dont
la présence est exigée, soit pour l'exécution des travaux du domaine, soit pour l'acquisition complète de connaissances professionnelles.

Par la pauvreté de leur aspect, la rusticité de leur aménagement
et la rareté de leur mobilier, les bâtiments d'habitation paraîtraient
peut-être un peu misérables à un voyageur de passage. Mais pour
les juger, il les faut comparer aux maisons du pays, aux fermes
des alentours. Des deux parts, c'est la même existence frugale et
laborieuse : elle reste entourée du même cadre. Et du reste, la
rustique simplicité de ces intérieurs, où bêtes et gens semblent
vivre dans une étroite intimité, s'allie souvent chez les monta-
gnards avec une élévation de sentiments qui contraste avec l'abais-
sement des populations entassées dans les grandes cités. Je me
souviens qu'un jour, en descendant du Prarion sur Chamounix, je
trahis l'impression que me causait l'un des plus misérables chalets
épars sur le versant, et le pâtre répondit aussitôt : « Hélas ! mon-
sieur, chaque oiseau trouve son nid bien joli ! » Il y a une idée
profonde sous cette mélancolie poétique. Ce qui nous attache au
foyer par le contentement du cœur, ce n'est pas tant le confortable
qui obéit à la mode ; c'est bien plutôt toutes ces pensées et tous ces
sentiments qui dorment dans les vieux murs et qu'effarouche le
changement ; le souvenir remontant dans le passé vers les êtres
chers qui nous ont précédés ; l'espoir devançant dans l'avenir les
petits enfants qui nous suivront ; le charme de ces pierres usées
dont on connaît toutes les lézardes, enfin, tout ce dont le poète a pu
dire :

> Objets inanimés, avez-vous donc une âme
> Qui s'attache à notre âme et la force d'aimer ? (1)

Au surplus, grâce aux efforts persévérants du Directeur, La Fo-

---

(1) Lamartine, *Harmonies*, Milly.

rêt se distingue des fermes des environs par une tenue meilleure, une propreté moins imparfaite.

Les constructions se divisent en deux corps très-distincts. En haut, un bâtiment dont le rez-de-chaussée est consacré à la classe et le premier étage (de plein-pied avec la terrasse et le chemin d'arrivée), sert à l'habitation du directeur et contient aussi une petite chambre pour les hôtes. A côté s'allonge un bâtiment d'exploitation dont le bas est partagé entre l'étable des bestiaux et le dortoir des plus grands enfants, avec plusieurs chambres placées aux extrémités et destinées à l'instituteur, au chef de culture, au jardinier et à l'appâtureur. Au-dessus s'étend le grenier à foin, que termine une chambre pour les ouvriers engagés exceptionnellement. En appentis, une bergerie assez spacieuse; un peu plus loin, une petite remise et un hangar. En descendant la pente, on arrive, par un chemin bordé de haies, au delà de la cour, au quartier des sœurs, qui comprend deux bâtiments autour de la chapelle. Le premier présente, au rez-de-chaussée, une vaste pièce, sorte de magasin inoccupé; au-dessus, la cuisine, qui est aussi le réfectoire. Le second, spécialement affecté à l'habitation des sœurs, contient, en outre des trois pièces qu'elles occupent, une lingerie, le dortoir des petits, une chambre pour les nouveaux arrivés et une chambre pour les dames qui viennent visiter l'orphelinat. Deux des sœurs couchent auprès du dortoir qu'elles surveillent.

Quelques caves, le fournil, la porcherie et le poulailler complètent, de ce côté, les bâtiments d'exploitation; deux constructions de minime importance permettent au jardinier de serrer graines et outils, et même d'abriter quelques produits délicats.

Il faudrait construire un réfectoire; on pourrait le disposer en annexe du bâtiment de la cuisine, installer celle-ci au rez-de-chaussée inoccupé et transformer la cuisine actuelle en infirmerie. Ce sont autant d'améliorations nécessaires que le défaut de ressources a seul fait ajourner.

Le mobilier réclame aussi des compléments indispensables, des tables, des bancs ou des escabeaux qui ne soient pas trop boiteux. Les dortoirs sont garnis de lits en fer qui comprennent chacun paillasse, draps et couvertures. Il n'y a de matelas que pour les chambres des sœurs et des hôtes de passage. Le linge de maison, la vaisselle et la batterie de cuisine sont à peine suffisants, bien que les plus gros achats aient été faits (buanderie, machine à coudre...).

Les bâtiments d'habitation, en raison de ce qu'ils ont coûté à construire ou à réparer, représentent une valeur de 14,000 francs. Le mobilier, la literie, le linge et la batterie de cuisine valent 3,600 francs, et le vestiaire des enfants, environ 1,300 francs, ce qui fait un total de 4,900 francs pour les valeurs ne portant pas intérêt.

Le domaine de La Forêt appartient aujourd'hui à l'Œuvre, car elle a peu à peu réuni les ressources nécessaires pour en solder le prix; il ne reste plus qu'à régulariser l'établissement de propriété aussitôt que le permettra la reconnaissance d'utilité publique.

L'acquisition de 30 hectares a été fixée, il y a dix ans, au prix de 12,000 francs, et a été complétée par l'achat de quelques parcelles (2 hectares), d'une valeur de 900 francs. Le défrichement de la lande, la mise en valeur des jachères, la dérivation d'un cours d'eau, ont permis de créer des champs et des prairies, d'établir un jardin potager et de poursuivre les améliorations sur le versant presque entier du coteau.

Aujourd'hui, la superficie se répartit ainsi :

Cultures en plein rapport.	5 hectares.
Prés	4 —
Jardin potager.	0.50
Cours et clos.	1 —
Prairies commencées.	8 —
Défrichements	1.50 —
Bois	12 —
	32 hectares.

On reste au-dessous de la valeur réelle en estimant la propriété, avec les bâtiments d'exploitation à 18,000 francs.

La Maison de famille a acquis, en outre, une part, un droit de pacage pour trente moutons, dans un indivis qui borde les récentes cultures du domaine. Ce n'est encore qu'une vaste lande que parcourent les troupeaux, mais ces terrains, exposés au midi, doucement ondulés, se transformeront à leur tour quand les propriétaires auront avantage à opérer le cantonnement.

De l'autre côté du ruisseau qui coule au bas des prés, 30 hectares de maigres taillis ou de clairières herbues sont loués par un long bail avec faculté d'achat. Bien que ce revers rapide ne puisse pas être arrosé et que la culture en soit condamnée à rester longtemps, sinon toujours, fort misérable, peut-être l'Œuvre aura-t-elle avantage à reculer les limites du domaine, afin d'être seule en possession des deux versants du vallon.

Enfin, chaque année, on loue une châtaigneraie pour augmenter les ressources nécessaires à l'alimentation des enfants, et une prairie pour accroître la réserve de fourrages indispensable à l'entretien du cheptel.

L'exploitation des animaux domestiques à La Forêt constitue l'une des plus fructueuses industries et l'une des plus notables augmentations de valeur. Les bêtes à cornes (1 paire de bœufs, 8 vaches, 2 élèves) et les moutons (46 têtes) sont estimées, ainsi que le cheval, à un total de 5,315 francs, auquel s'ajoute encore la valeur des porcs et des volailles, 659 fr. 50, et des ruches, 80 francs. Le matériel d'exploitation, qui comprend des charrues Howard, Dombasle et des charrues du pays, des tombereaux et des chars de montagne, est évalué à 3,500 francs. Le total des immeubles ruraux et des propriétés mobilières affectées à l'exploitation est donc de 28,000 francs.

Maintenant que nous connaissons le domaine sur lequel vivent nos orphelins, examinons le régime auquel ils sont soumis. C'est une œuvre difficile entre toutes que d'élever de pauvres enfants prématurément touchés par le malheur et affaiblis par la misère. Il n'est pas besoin de dire que dans cette tâche la plus large part est faite à la religion, seul appui solide d'une éducation morale. L'orphelin, plus que tout autre, a besoin de se sentir aimé par le divin Maître qui a dit : « Aimez-vous les uns les autres ! » Aussi, au milieu des bâtiments de l'orphelinat, s'élève la petite chapelle pour laquelle on a réservé tout le luxe dont on pouvait disposer, grâce à des dons généreux. La prière après le lever ; la messe, pour les enfants qui désirent y assister ; le catéchisme, appris dans la semaine, commenté après les vêpres du dimanche par le Directeur avec cette paternelle bonté qui sait tirer d'un texte concis des trésors d'enseignement pratique ; le soir, après le souper, la prière présidée par la sœur supérieure, et pendant les veillées, la récitation du chapelet ou quelques chants de cantiques ; voilà pour les exercices religieux. Les cérémonies de la première communion ont lieu à la commune de Calvinet. Enfin, chaque printemps, avant le départ des enfants pour le louage, une retraite est prêchée à Notre-Dame du Cantal. Elle se poursuit en ce moment, sous la direction de deux Pères Prémontrés, de l'abbaye de Conques.

Après la religion, la famille. La famille, c'est le sacerdoce établi par Dieu même pour former les jeunes cœurs à la pratique du bien, grâce à l'amour infatigable de la mère et à l'autorité ferme du père. Voulant prendre, pour base de l'éducation des orphelins, la famille-souche, en reconstituant pour ces déshérités le foyer traditionnel qui leur fait défaut, M. l'abbé Sarrauste a dû confier le gouvernement de cette famille à celui dont une sainte vocation a éprouvé l'esprit de renoncement et le dévouement absolu, au prêtre, et, en même temps, placer auprès du petit enfant celle qui personnifie le mieux la mère de ceux qui n'en ont plus, la sœur, pour l'aimer et le soigner avec cette patiente tendresse qui est l'apanage de la femme.

Dans ce foyer où l'affection le reçoit, l'enfant se sent chez lui ; il n'est pas une unité sans personnalité perdue dans une agglomération nombreuse. Il n'est pas un hôte de passage qui arrive aujourd'hui, repart demain et ne revient jamais. Il sait, au contraire, qu'il retrouvera toujours au foyer de son enfance, pourvu qu'il ne se rende pas indigne d'y revenir, un refuge en cas de revers, des soins s'il est malade, de l'affection si le chagrin l'abat. Ainsi, l'orphelin retrouve la douceur du toit paternel, et apprend à en mériter toujours la précieuse protection.

Enfin, une observation, souvent renouvelée, montre que les fils de cultivateurs, élevés à la charrue dans leur famille et placés au

dehors seulement vers l'âge de dix-huit ou vingt ans, se plient dif-
ficilement à l'obéissance, achèvent rarement leur temps de louage
et ne contractent guère les habitudes d'économie. Au contraire,
l'apprentissage de la vie se fait sans difficulté, si l'enfant est placé
jeune dans une famille, une ferme où il retrouve d'autres enfants
de son âge ; avec le premier argent qu'il gagne, naît chez lui le
sentiment de la prévoyance. Ce dernier point est surtout important
pour nos orphelins, qui doivent, plus que d'autres, compter sur
eux-mêmes. Aussi, a-t-on trouvé avantage, à tous égards, à louer
les orphelins dès que leur instruction scolaire ou professionnelle le
permet sans inconvénient. Placés là dans le milieu même où ils
sont appelés à vivre, ils s'acclimateront sans peine à la vie des
champs, parce que tout jeunes ils auront joué des mêmes jeux que
les enfants du pays, parce qu'eux aussi auront mangé le pain et la
soupe de ferme, grandi parmi les animaux, couché dans l'étable et
dans la grange...

A La Forêt on suit, du reste, aussi le régime du pays. La
nourriture ne saurait être que frugale : le déjeuner à sept heures
en hiver, six heures en été ; le dîner à onze heures, le souper à
l'entrée de la nuit. A ces trois repas, on mange régulièrement la
soupe, épaisse et substantielle, de pain et de légumes assaisonnés
à la graisse de porc ou au beurre ; une portion de riz ou de légumes, pommes de terre, choux, haricots ; généralement le cidre
pour boisson. Comme le souper est fort retardé en été, un goûter
a lieu vers quatre heures ; il se compose de pain, de salade, de
fromage, de fruits et de laitage. Pendant les mois d'hiver, les châtaignes, cuites à l'eau, remplacent les légumes au repas du matin.

Deux fois par semaine, et tous les jours dans le moment des
grands travaux, la viande de porc complète l'un des repas. De
temps à autre, une vache abattue à la suite d'un accident et ache-
tée à bas prix, quelques moutons du troupeau, quelques truites pê-
chées au ruisseau, offrent une alimentation plus variée et plus
substantielle réservée d'ordinaire aux enfants délicats. Presque
tous, du reste, consomment beaucoup d'œufs et de lait. Les sœurs
mangent entre elles à sept heures et demie, onze heures et six
heures et demie. Les repas des enfants et de tout le personnel

d'ouvriers ont lieu, faute d'espace, dans la cuisine même. C'est là aussi que se fait la veillée, jusqu'à neuf heures, quand reviennent les longs soirs d'hiver.

Pour passer en revue les travaux et industries, nous distinguerons les sœurs, le personnel salarié et les enfants.

Les travaux intérieurs sont placés sous la surveillance de la sœur supérieure : deux sœurs sont occupées de la cuisine et du ménage, une a la charge des petits enfants et leur fait la classe ; une est spécialement affectée à la lingerie, la sixième, enfin, au soin de la basse-cour. Elles se partagent, en outre, les détails du service de santé, la surveillance du vestiaire, les travaux de blanchissage, de confection et d'entretien des vêtements et du linge, le soin des malades au dehors et la visite des enfants au louage. Parfois, elles prennent part, plutôt comme récréation, à quelques travaux ruraux : c'est ainsi qu'avec les jeunes enfants, elles vont retourner le foin au soleil, glaner les épis après la moisson ou ramasser les châtaignes quand vient l'automne.

Le personnel salarié comprend l'instituteur (800 fr.), dont le temps est consacré à la surveillance générale, à la classe faite le matin pour tous les enfants et continuée dans le jour pour ceux qui ne vont pas aux champs, enfin, à une courte participation aux travaux agricoles quand l'urgence l'exige ; — le chef de culture (400 fr.), qui a la conduite des travaux et partage, avec l'instituteur, la charge de la surveillance extérieure ; — le jardinier (500 fr.), qui crée et entretien le potager avec ses annexes, forme des élèves, et porte chaque jour à la cuisine les produits que réclament les sœurs ; — enfin, l'appâtureur, qui, chargé de l'étable et de la bergerie, peut donner encore une part assez notable de son temps à l'exploitation et aux défrichements. C'est lui, en outre, qui, chaque semaine, fabrique le pain. Quelques journaliers fournissent un concours presque continu, nécessité par les travaux trop durs pour que les enfants y participent ; mais c'est surtout pour le défrichement et les constructions que plusieurs ouvriers font, pendant la morte saison, un long séjour à La Forêt.

Pour les enfants, l'emploi de leur temps est déterminé par un règlement dont les principales dispositions sont les suivantes : le lever, fixé à six heures et demie de la Toussaint au 1er mars, a lieu à quatre heures pendant les foins et la moisson. Le cultivateur d'Auvergne aussi bien que le fermier normand sait que *les louis d'or sont comme la manne dans le désert : on ne les recueille qu'avant le lever du soleil.* Les soins de propreté, la prière suivent le lever; puis les enfants font leur lit ; ensuite, la messe pour les uns ou le travail pour tous selon l'urgence. Après la messe, le déjeuner, suivi d'une demi-heure de récréation ou de menus travaux; la classe, que termine une autre récréation, se prolonge jusqu'au dîner, qui a lieu à onze heures ou à midi, suivant la saison. Toute l'après-midi est occupée par les travaux agricoles. Sous la surveillance du chef de culture, les enfants sont attachés, à tour de rôle, selon leur âge et suivant leurs aptitudes, soit à l'exploitation des champs, soit à la garde et au soin des bestiaux, soit à la culture du jardin. Enfin, à l'entrée de la nuit, le souper selon l'usage du pays, et le coucher ou la veillée.

Suivant la nature et l'urgence des travaux, depuis le labourage jusqu'au glanage, le chef de culture emmène avec lui un plus ou moins grand nombre d'enfants. Quatre à six sont attachés au jardin, deux au moins assistent l'appâtureur et gardent les vaches, les moutons et les chèvres. Pendant l'été, deux enfants, davantage durant l'hiver, aident les sœurs pour la préparation des aliments, un autre concourt à la fabrication du pain ; un autre, enfin, est affecté au service de la basse-cour. Les sœurs sont, en outre, aidées par plusieurs des petits pour garder les porcs ou les canards, transporter, étendre ou plier le linge, etc. Quelques-uns des enfants servent la messe; ils accompagnent aussi les sœurs pour la visite des malades, afin de se former à l'exercice de la charité et de faire aimer la Maison de famille.

A partir du 25 mars et jusqu'à Noël, une notable partie des enfants est au louage. La durée des contrats varie de un mois à une année, et les conditions sont, en outre, très-différentes, suivant les forces et la capacité des enfants. Indépendamment des gages, les enfants reçoivent toujours leurs sabots, souvent les vêtements d'été, parfois même des vêtements d'hiver. En 1877, trente-deux enfants ont été loués, en moyenne, pendant six à sept mois; douze sont maintenant engagés à l'année. Plusieurs sont depuis trois, quatre ou cinq ans chez le même maître.

Vous avez pu remarquer, Messieurs, qu'une part notable du temps est consacrée à la classe. On suit les programmes de l'enseignement primaire, en diminuant peut-être un peu les explications et les devoirs relatifs à l'histoire et à la géographie, afin de développer davantage, d'une part, les leçons de catéchisme et l'enseignement moral, d'autre part, le cours théorique de culture. Cette dernière partie de l'instruction scolaire est l'objet de soins particuliers qui s'efforcent de répondre à la sollicitude du Ministère de l'agriculture.

En résumé, un enfant, dès qu'il arrive à La Forêt, si petit qu'il soit, trouve une occupation proportionnée à ses forces.

Le travail, vivifié par la religion, est la meilleure discipline pour le corps comme pour l'âme ; et veiller à ce que chacun soit toujours occupé est le vrai moyen pratique de surveiller.

Il y a, toutefois, au point de vue des travaux, une lacune que les ressources bornées de l'œuvre n'ont pas encore permis de combler. Il serait fort à désirer qu'on eût bientôt les moyens de construire, assez légèrement d'ailleurs, un atelier vaste et aéré. Pendant l'hiver, cinquante enfants, au moins, sont à la maison. La majeure partie de leur temps est réclamée par les soins qu'exige le complément de leur instruction scolaire. Mais dans une saison où les travaux des champs sont presque nuls, souvent arrêtés par la neige, la pluie ou la gelée, il serait très-utile de pouvoir exercer les enfants aux divers métiers ruraux les plus usuels, tels que ceux de charron, forgeron, maréchal, bourrelier, etc. Avec le concours des chefs de métier des communes voisines, on organiserait ainsi, à peu de frais, un enseignement pratique qui fournirait une diversion aux études de la classe et donnerait aux jeunes ouvriers une capacité professionnelle dont ils tireraient grand profit. Aussi, est-ce là une des premières améliorations à réaliser.

Partout les enfants ont besoin de récréations et de récompenses. Ici elles sont naturellement indiquées par les travaux mêmes. Chaque jour, souvent à deux reprises, mais surtout à onze heures, avant le dîner, les enfants peuvent se livrer aux occupations de

leur choix. La plupart donnent leurs soins à de petits jardins éta-
gés sur la pente ; chacun bêche ou arrose, cultive quelques fleurs
destinées à la chapelle ou entretient les clôtures plus d'une fois
ravagées par les poules. Les dimanches et les jours de fête, les
jeux de quilles servent à occuper les intervalles entre les offices
religieux. Les concours agricoles sont aussi, une fois par an, l'oc-
casion de réjouissances fort goûtées. Parmi les récompenses les
plus usuelles, sont des encouragements donnés à la bonne conduite
sous forme de petites primes en argent qui s'ajoutent au pécule et
s'inscrivent plus tard sur le livret de caisse d'épargne. Suivant une
coutume répandue à peu près partout chez les familles-souches de
cultivateurs et souvent mentionnée dans les monographies de notre
Société, ceux des enfants qui sont attachés au service de l'étable
reçoivent pour eux, celui-ci une génisse, celui-là un agneau. Inutile de dire avec quelle sollicitude chacun soigne son propre bétail, et
avec quelle joie tous reçoivent les menus profits que donnent la
vente. Faut-il citer encore parmi les récréations, les veillées d'hiver, pendant lesquelles on fabrique souvent des nattes et des pa-
niers ; certaines récoltes, comme celles des châtaignes ou des foins,
ou encore la cueillette des champignons, qui fournissent une diversion heureuse aux travaux habituels ; quelques déplacements
pour accompagner les sœurs soit dans leurs courses d'emplettes à
Aurillac, soit dans la visite des enfants loués.

Examinons maintenant les résultats obtenus avec cette méthode
d'éducation. Les plus visibles sont ceux qui ont trait à la santé.
Trop souvent les pauvres enfants qui arrivent à La Forêt sont
dans un déplorable état. Toujours faibles, malingres et chétifs,
très-souvent atteints de maladies scrofuleuses, ils se remettent
tous peu à peu ; et c'est chose curieuse de voir la transformation s'opérer si vite sous l'influence d'un climat salubre, du
travail au grand air et de la régularité de l'existence. La vie est
rude cependant, la nourriture frugale ; c'est le dur régime de la
population du pays. Suivant le dicton local *L'ou ben aisé jetto
a perdre,* le bien-être cause la perte ; aussi ni dans l'habitation,
ni dans le vêtement, ni dans la nourriture, rien n'est accordé

au confortable. Un détail vous en fera juger : même en hiver, les enfants, à l'orphelinat comme dans les fermes du pays, sont pieds nus dans des sabots pleins de foin; mais on veille avec un soin particulier à ce qu'ils ne se couchent jamais sans s'être chauffé les pieds. Depuis dix ans, la Maison de famille n'a eu à déplorer aucun décès. Les seules indispositions fréquentes sont les bronchites et les fièvres intermittentes. Une fois pourtant, un grand nombre d'enfants ont été atteints à la fois par des fluxions de poitrine qui, heureusement, se sont toutes guéries. Un médecin du voisinage veut bien donner gratuitement ses soins, et il est secondé par la supérieure avec autant d'intelligence que de dévouement. Les sœurs ont une petite pharmacie. Il reste toutefois au point de vue de l'hygiène un double vœu à exprimer, un double besoin à satisfaire. Il faut aménager une salle d'infirmerie où les malades soient reçus au lieu être laissés dans leurs dortoirs respectifs. Il faut en outre obtenir les moyens de distribuer plus abondamment l'huile de foie de morue et le vin de quinquina, qui sont la base du traitement opposé aux maladies scrofuleuses. Peut-être pourrait-on souhaiter que les soins de propreté fussent mieux entendus et les bains plus fréquents; mais c'est là chose difficile dans un pays où la propreté n'est pas précisément proverbiale.

Accueilli dans une Maison de famille honorée et bien vue, l'orphelin, quelle que soit son origine, s'y sent à l'abri du mépris. Pour personne il n'est un vagabond, ni un mendiant, ou s'il a eu le malheur de l'être déjà, rien du moins, aucun mot, aucun regard ne lui reproche ce passé que tous ignorent, et dont il est aussitôt relevé à ses propres yeux. En s'asseyant à ce foyer, il ne tarde pas à comprendre qu'il est sous la garde de Dieu et que la prison n'est faite que pour les malfaiteurs de toutes sortes. Mais il sait aussi ce qui l'attend, s'il allait vagabonder, et bientôt il se montre, comme ses camarades, soucieux de l'honneur d'une maison qui est désormais la sienne.

Il s'attache aux sœurs qui ont donné à son enfance ces premiers soins empreints d'une si maternelle douceur; et dans cette jeune âme qui s'ouvre à la vie, les sentiments d'affection et de reconnaissance

prennent parfois une force comparable à celle de l'amour filial. Je
pourrais vous en citer un exemple, bien qu'il nous éloigne un peu
du Cantal. Il y a à Saint-Germain un orphelinat de jeunes garçons ;
ils y restent jusqu'à 21 ans, et sous la direction exclusive de
religieuses. Il peut paraitre difficile à des femmes de gouverner
ces jeunes gens à l'âge de l'indiscipline. Eh bien, l'affection des
élèves facilite leur tâche. L'un de ceux-ci, grand et beau garçon,
qui travaille au dehors et rentre le soir à la maison, a conservé une
conduite irréprochable malgré des tentations réitérées, soutenu
par cette pensée qu'il ne devait pas faire de peine à la religieuse
qui lui sert de mère. Nul doute qu'à La Forêt, un dévouement
égal ne reçoive une égale récompense.

Déjà nos orphelins montrent un véritable attachement pour leur
maison. Ceux qui sont placés au loin, font de longs trajets, même
de nuit, pour revenir, le dimanche, passer quelques instants près
des sœurs, au milieu de leurs camarades. Tous pendant le temps
du louage tiennent beaucoup à recevoir la visite des sœurs qui
viennent s'enquérir de leur santé, de leur conduite, qui veillent à
leur entretien et auxquelles ils confient leurs petits chagrins.

A leur retour pour la retraite annuelle, ceux qui sont absents
depuis longtemps témoignent d'un intérêt réel pour les travaux du
domaine et le bien de la Maison. Ce sont vraiment des enfants qui
rentrent dans la famille ; et rien n'est plus consolant pour l'avenir,
que de voir s'affirmer avec le temps cette affection pour le foyer
qu'on leur a constitué.

La pratique du louage a complétement justifié ce qu'on en espérait.
Quand les enfants sont réunis en grand nombre, la surveillance
devient particulièrement difficile alors qu'elle est le plus nécessaire :
chacun trouve pour ses peccadilles ou ses fautes presque autant de
complices que de camarades. Au contraire, reçus isolément dans
de bonnes familles, ils subissent sans y songer la même discipline
paternelle que les enfants de la maison ; ils prennent l'habitude de
la vie des champs, et contractent des amitiés durables qui facilitent
plus tard leur placement ou leur mariage. D'apathiques et d'insou-
ciant ils deviennent rapidement actifs et soigneux. Ils se montrent
économes de leurs effets, car l'entretien en est laissé à leur charge ;
désireux de contenter leur maître afin d'augmenter pour la saison

suivante le prix de leur louage; enclins à l'épargne dès qu'ils ont un pécule à garder. Ils le confient toujours à quelqu'une des sœurs, mais ils aiment, le dimanche, à compter et recompter avec elles leurs petites économies. Versées à la caisse d'épargne par les soins du Directeur, afin de développer chez les orphelins l'esprit de prévoyance, elles leur seront remises à l'époque de leur majorité.

Cependant chacun se montre fier de contribuer pour sa petite part à soutenir la Maison de famille par son travail sur le domaine, ou par l'abandon d'une fraction de son pécule; chacun est heureux de s'y préparer à ce prix un refuge pour les jours de maladie ou de chômage. Sans doute cette minime contribution ne saurait conférer à l'enfant ce qu'en termes précis on pourrait appeler un droit à la retraite, un droit à revenir, quand même, prendre place au foyer. Il demeure toujours le débiteur insolvable de l'OEuvre qui l'a élevé, nourri, instruit, entretenu, soigné, et qui est prête encore à le recevoir en cas d'infortune; mais ce concours, si faible soit-il, qu'il donne à la communauté selon ses moyens, relève l'enfant à ses propres yeux : il n'est plus seulement le pauvre orphelin secouru par l'aumône. Si ses mains sont débiles, il a du moins apporté sa pierre à la Maison de famille, et il comprend mieux alors cette nécessité de s'entr'aider dans la vie, si naïvement exprimée dans les vieux refrains des races du Nord. Vous vous rappelez ces chansons de nourrices sur *la maison que Jacques a bâtie*, avec *les pierres que Jean a tirées de la terre*, en employant *la pioche que Pierre a forgée*, et ainsi de suite, jusqu'à ce que le petit enfant endormi ait fermé les yeux dans son berceau.

Quant à la quotité de cette retenue effectuée sur le pécule, l'expérience n'a pas encore permis de la fixer avec certitude. Peut-être conviendra-t-il de la restituer en tout ou en partie, sous forme de trousseau, au jeune homme qui se marie sous le patronage de l'OEuvre, et qui se prépare ainsi un foyer où il pourra vieillir et mourir au milieu des siens.

Voilà ce que sont les orphelins. Comment, maintenant, leur maison est-elle considérée dans le pays?

Le vénérable fondateur de Notre-Dame du Cantal appartient à

3

une famille qui, par un long passé de traditions honorables et de services rendus, a conquis le respect et la confiance des populations. Et ces sentiments, que son dévouement eût suffi à faire naître, valent à sa création bienfaisante la sympathie de tous les voisins. En outre, bon nombre des enfants se rattachent à l'Auvergne par l'origine de leurs parents; ils ne peuvent être considérés comme des étrangers, et ceux mêmes qui n'ont aucun lien avec la contrée bénéficient de cette impression. Tous semblent rentrer au pays natal; ils en parlent vite le patois et en prennent l'accent. Dans ces cantons reculés au milieu des montagnes, isolés loin des routes, le vieil idiome se conserve encore heureusement, et avec lui tout un ensemble d'idées et de sentiments, de mœurs et de coutumes dont il est la sauvegarde. « L'accent du pays où on est né, a dit en effet La Rochefoucauld, se conserve dans l'esprit et dans le cœur, comme dans le langage.» Et l'on ajouterait volontiers, avec Sainte-Beuve, que la pensée semble parfois plus savoureuse sous cet accent, comme le pain des montagnes sous son goût de sel et de noix. Telle est du moins l'impression que m'ont laissée quelques rencontres avec ces paysans si fins sous leur bonhomie.

Les services que la Maison de famille rend au pays contribuent aussi à lui concilier la bienveillance de tous. Reçu d'abord avec la réserve prudente qui accueille dans les campagnes toute chose nouvelle, le louage des orphelins a été vite justifié par leur bonne conduite et leurs habitudes laborieuses. Les cultivateurs ont compris de quelle utilité serait pour eux ce personnel de travailleurs dociles, instruits et toujours surveillés; et ils cherchent déjà à s'assurer, par la concession de quelques avantages, des bergers, des laboureurs, surtout des jardiniers. C'est par centaines qu'il faudrait pouvoir louer les orphelins pour répondre à des demandes chaque jour renouvelées.

Le petit domaine de La Forêt ne fournit pas seulement de bons élèves, aptes à répandre son enseignement agricole : il donne aussi, et c'est là un des services les plus appréciés, l'exemple du défrichement des landes, de la culture perfectionnée et des assolements méthodiques. Les résultats sont sous les yeux de tous, chacun peut en vérifier l'exactitude ou apprendre à les reproduire. Des encouragements en nature ou en argent, des primes, le don ou la location de charrues et d'autres instruments ont pu être accordés par l'établissement et répartis avec l'aide d'un comité de cultivateurs voisins. Grâce aux subventions du Ministère de l'agriculture, de temps à autre, la distribution de ces encouragements peut avoir, en raccourci, la solennité d'un concours agricole avec prix et médailles (1).

Dans un autre ordre de faits, la Maison de famille exerce encore un utile patronage. Les sœurs donnent des médicaments aux malades et vont même soigner dans les communes des environs ceux qui sont gravement atteints. Souvent la sœur est accompagnée d'un enfant qui l'aide à mettre en ordre le pauvre ménage, qui lui apporte de la pharmacie, les remèdes qu'elle doit distribuer. Pendant la convalescence, c'est encore un des enfants qui sert d'intermédiaire, va aux nouvelles et porte les secours. Associé ainsi à cette charitable mission, l'orphelin recueille sa petite part de reconnaissance, et la Maison de famille tout entière en hérite.

Ce serait offenser la discrétion de la charité privée, que de détailler ici les ressources apportées par elle à la Maison de famille. Les fondateurs qui, dès le début, ont compris la portée sociale de cette Œuvre, ne l'ont pas abandonnée, et d'autres sont venus peu à peu joindre leurs efforts à ces précieux concours. Depuis le premier jour, le Directeur a consacré, en outre, à sa fondation, des dons personnels d'une grande importance. Qu'il me suffise d'offrir à tous ces dévouements, au nom des orphelins, un respectueux témoignage de reconnaissance. Il convient d'en faire remonter l'expression jusqu'à une haute bienveillance qui a daigné, après nos années désastreuses, secourir l'Œuvre défaillante(2). Je veux surtout, Messieurs, vous dire quels encouragements Notre-Dame du Cantal a trouvé auprès de l'administration supérieure, comme auprès des autorités départementales. Ce sont des témoignages précieux, car ils prouvent que la Maison de famille n'est pas seulement considérée

---

(1) Voir dans l'Appendice quelques détails complémentaires sur le régime agricole de la contrée.

(2) Voir ci-dessous, Appendice, IV.

comme une de ces tentatives généreuses devant lesquelles l'élan de la
charité chrétienne ne se laisse jamais arrêter, mais qu'elle est surtout
jugée comme œuvre sociale et économique. Le Ministère de l'agriculture a subventionné l'Orphelinat depuis longtemps; mais il a
élevé le chiffre de l'allocation à mesure que se montrait mieux
l'efficacité de l'enseignement et de l'exemple donné à La Forêt. Aujourd'hui cette subvention répond à un triple besoin : aider au
développement de l'Orphelinat; parer aux frais que nécessite un
instituteur à condition qu'il donnera des leçons théoriques d'agriculture; enfin répandre quelques encouragements agricoles, sous
diverses formes dont je vous ai déjà entretenus, parmi les cultivateurs des environs. Peut-être peut-on espérer d'avoir bientôt,
chaque année, des médailles à distribuer dans les concours que
l'établissement organise pour le labourage.

Le conseil général du Cantal accorde aussi une subvention, et
'insiste sur ce point. L'OEuvre, vous le savez, Messieurs, recueille surtout, pour les rapatrier dans le pays de leurs parents,
les enfants d'Auvergnats décédés à Paris. Elle a donc, aussi bien
comme institution charitable que comme établissement agricole, un
caractère local, qui dans chaque département où se fondera une
Maison de famille, doit lui concilier, à double titre, l'appui des autorités. Enfin pour les mêmes motifs, la Société d'agriculture du
Cantal veut bien affecter une somme annuelle de 500 francs au
traitement d'un jardinier. C'est une initiative des plus heureuses,
car depuis longtemps se faisait sentir le manque absolu de jardiniers habiles pour la taille des arbres, l'entretien des fleurs et la
culture des potagers. Aussi, tous les élèves que la Maison de famille a pu former, ont-ils obtenu un placement avantageux. A cet
égard les demandes sont toujours plus nombreuses que les sujets.

Peut-être, malgré l'aridité des chiffres, serez-vous bien aises,
Messieurs, d'avoir un aperçu du budget de la Maison de famille.

Pour l'établir, j'ai pris comme base la moyenne des trois dernières années, et je me suis conformé au cadre de nos budgets de
famille; je me garderai bien de vous en détailler ici les diverses
sections et je me borne à quelques indications sommaires.

D'abord, il ressort du chiffre total des dépenses, que le coût de chaque enfant est de 300 francs par an, soit 0 fr. 82 c. par jour. Ce chiffre peut paraître élevé, puisque, pendant plusieurs mois, la plupart des orphelins sont placés au dehors. Mais, d'autre part, il faut se rappeler qu'il a fallu peu à peu sur les ressources construire ou aménager les bâtiments indispensables, acheter le mobilier domestique et le matériel agricole, mettre la propriété en valeur, rembourser le prix d'achat, constituer un cheptel, etc. Un détail de l'inventaire d'acquisition vous montrerera combien modestes étaient les débuts : le cheptel alors se composait de deux moutons et d'un lapin. Chaque année, une somme notable a été affectée à l'amortissement, presque terminé aujourd'hui, des dépenses de premier établissement ; en outre, 2,500 francs environ sont consacrés à des travaux neufs de construction ou d'amélioration. Si l'on défalque cette dernière dépense, chaque enfant revient à 250 francs, soit 0.69 par jour.

Un dernier mot : Les produits fournis par le domaine augmentent de valeur d'année en année ; ils figurent à peu près pour 3,000 francs dans le compte de la nourriture (grains, laitage et beurre, viande, légumes et fruits...); pour 1,300 francs dans le compte de l'habitation (bois d'œuvre et de chauffage); pour 200 fr. dans le compte des vêtements (laine, cendre), etc.

III

RÉSUMÉ ET CONCLUSION.

Notre visite est achevée : je crains fort, Mesdames et Messieurs,
qu'en se prolongeant elle ne vous ait causé lassitude et ennui. Aussi,
en vous remerciant de votre bienveillante attention, j'hésite à for-
muler une conclusion, qui est dans mes désirs sans doute, plutôt que
dans vos esprits. Si mon exposé avait été moins imparfait, il eût
mis en relief les caractères de la fondation de M. l'abbé Sarrauste.

Rendant à l'orphelin la famille qu'il a perdue, autant du moins
qu'on peut réparer l'irréparable, elle lui donne pour père le prêtre,
représentant de la plus auguste paternité; pour mère, celle qui
unit

> Ce que l'ange a de plus céleste,
> Ce que la femme a de plus doux,

Celle qui

> donne en même temps
> Avec le pain qu'il faut aux hommes
> Les baisers qu'il faut aux enfants.

Recueillant le petit mendiant qui s'égarait pauvre et nu dans les
bas fonds parisiens, elle éveille son âme à la parole divine, fortifie
son corps par les labeurs agrestes, et attache ce vagabond à la vie
des champs, parce que, loin de l'enfermer, elle le mêle par le louage
aux enfants du pays.

Enfin, constituant au pauvre abandonné le foyer domestique, elle
lui assure pour la vie une protection, un asile, aux lieux mêmes
qu'habita son enfance, où il retrouvera

> et ces vieilles images
> Et ces vieux souvenirs dormant au fond de nous,
> Qu'un site nous conserve et qu'il nous rend plus doux.

Enfin, la famille agricole d'orphelins sert efficacement les intérêts
de l'agriculture, non pas tant par les défrichements qu'elle opère,
que par les exemples qu'elle donne et les élèves qu'elle forme.

Cette Maison de famille n'est pas une utopie, elle existe. Cet or-

phelin, vous l'avez vu arriver pâle, débile et comme flétri déjà;
plus tard vous l'avez retrouvé sain et robuste, et en le voyant sou-
rire heureux, vous avez senti tout ce que la pauvre mère, par delà
le tombeau, versé de bénédictions sur le sauveur de son enfant.

Ce qu'un seul asile a fait pour quelques malheureux, d'autres
pourraient le faire aussi au grand profit de l'agriculture et au grand
avantage des générations à venir. Déjà dans les départements voisins du Cantal, de généreuses initiatives veulent imiter la fondation
de M. l'abbé Sarrauste. Puissé cet exemple être suivi! Qu'on envi-
sage les Maisons de famille au point de vue du rapatriement des
orphelins ou du progrès agricole, ce sont essentiellement des Œuvres locales qui, bien que patronnées par une Société dont le siége
est à Paris, doivent être surveillées et soutenues chacune par un
comité de bienfaiteurs (1). La rusticité de leur installation rend leur
multiplication facile partout où se trouvent réunies les deux conditions qui ont assuré le succès de Notre-Dame du Cantal, c'est-à-dire
de vastes landes suffisamment fertiles pour que le défrichement en
puisse être avantageux, des familles-souches assez nombreuses pour
concourir utilement à l'éducation des orphelins. Moins rares qu'on
ne le suppose, ces deux conditions se rencontreront notamment
dans la région pyrénéenne, sur le versant des Alpes, sur les pentes
des Cévennes et sur le plateau central. Plus tard peut-être, par la
force de l'exemple, les Maisons de famille pourront s'étendre
même dans les pays où la famille est désorganisée; elles contribue-
ront alors à remettre en honneur la puissance des règles éternelles
de la vie domestique.

J'entends dire à la vérité que la plupart de ces petits malheureux sont des enfants des villes; qu'ils ne peuvent se faire à la vie
rurale; qu'il n'est pas nécessaire d'être une grande dame pour re-
gretter le ruisseau de la rue du Bac; que le gamin de Paris, où
qu'il aille, a toujours la nostalgie du boulevard, et qu'enfin plus
d'un orphelinat agricole a fort mal réussi.

Sans doute; mais d'abord, parmi les orphelins des villes, combien

_____

(1) Voir dans l'Appendice, une note sur la *Société pour la fondation et le
patronage des maisons de familles agricoles*.

sont nés de parents venus récemment du village, combien conservent encore au pays quelque lien de famille, une vieille souche qui pourrait reverdir! En outre, combien sont assez jeunes pour s'acclimater partout, pourvu qu'on s'y prenne bien! Enfin, a-t-on pris toujours le bon moyen de les former à la vie des paysans? fallait-il les réunir fort nombreux et les retenir jusqu'à 20 ans dans des colonies qui ressemblent tantôt à des couvents, tantôt à des casernes, jamais à des fermes?(1) A vrai dire, l'objection ne conserve toute sa valeur que pour les enfants, en nombre immense à la vérité, déjà grands et formés, ou que des aptitudes précoces désignent pour les métiers urbains. A ceux-là les grands orphelinats et les travaux industriels; mais pour les autres, autant que possible, la Maison de famille, la vie des champs et les professions rurales.

Et maintenant il n'est pas besoin de ramener votre pensée vers les navrants tableaux que je vous ai d'abord présentés : vous vous associez, je l'espère, aux vœux émis par M. Ch. Lucas dans le travail que j'ai déjà cité :

« Ce qui a une grande influence, dit l'honorable académicien,

---

(1) Pendant que ces pages étaient à l'impression, le *Journal des économistes*, dans son numéro de mars, a publié une intéressante étude de M. A. de Fontpertuis sur l'*Assistance des enfants naturels*. Après avoir rappelé les mécomptes auxquels ont donné lieu tant de vastes colonies agricoles dont le régime ressemblait fort à la discipline d'une caserne, l'auteur leur oppose très-justement les succès d'un orphelinat suisse installé sur un tout petit domaine comme une famille de paysans.

« L'Asile agricole que la Suisse doit aux Pestalozzi et aux Werhli, dit-il, est institué sur un plan tout autre : une contenance de 18 à 25 hectares, une trentaine d'élèves, un seul maître chargé de leur éducation morale ou technique, agriculteur et pédagogue à la fois, et le voilà fondé. La discipline y est toute paternelle : récompenses et punitions sont empruntés aux usages de la famille, à ses traditions et à ses habitudes. La vie qu'on y mène est la vie des champs, non telle que la décrivent les faiseurs d'idylles et de bucoliques, non telle qu'on la pratique dans certains établissements qui d'agricoles n'ont que l'étiquette, mais telle qu'elle est bien réellement, simple, pauvre et trop souvent misérable. Et il ne s'agit point là, suivant l'expression de deux visiteurs des asiles suisses, « d'instruire des citoyens amollis; il s'agit de former de rudes travailleurs endurcis à la fatigue, qui aient du cœur à l'ouvrage, pour qui le travail soit un jeu régulier de leurs organes et qui ne conçoivent le progrès dans le bien-être que comme le fruit de leurs sueurs et la moisson de leurs propres efforts. »

sur l'accroissement effectif des jeunes détenus, c'est l'insuffisance des orphelinats, de cette institution de prévoyance dont l'inappréciable service est de retenir les orphelins et les abandonnés sur la pente qui les fait tomber dans le délit. C'est donc cette immense et regrettable lacune de l'orphelinat qu'il faut signaler à la bienfaisance publique et privée pour appeler de ce côté sa généreuse coopération. Dans l'ensemble des institutions de charité et de prévoyance qui intéressent l'ordre social, nous n'en voyons pas qui puisse inspirer une plus vive sollicitude et réclamer un plus urgent concours.

« C'est par là que les associations laïques auraient à donner à l'ordre social une coopération de la plus grande valeur; c'est par là que les congrégations religieuses, renouant la chaîne des temps, pourraient renouveler à notre époque, par l'application des orphelinats agricoles aux défrichements, les services qu'elles rendirent jadis par la fertilisation des terres incultes. »

Et, Messieurs, parmi les plus efficaces de ces fondations désirées, ne faut-il pas compter celles qui unissent si intimement le foyer domestique et l'atelier rural, celles qui concourent à restaurer l'esprit de famille et la maison-souche? Telle est la conviction que j'aurais voulu laisser dans vos esprits, mais une conviction sincère, active; vous le savez,

La foi qui n'agit pas, est-ce une foi sincère?

Et vous, Mesdames, puissiez-vous ne pas oublier que la Maison de famille est bien étroite; puissiez-vous penser souvent à ces pauvres délaissés qui tendent vers vous leurs petites mains, ne pas repousser ceux dont les larmes ne sont jamais séchées par les baisers d'une mère, et vous souvenir, même au sein du bonheur, — surtout au sein du bonheur, pour que le ciel vous le conserve,— que

Le vrai trésor rempli de charmes,
C'est un groupe pour vous priant
D'enfants qu'on a trouvés en larmes
Et qu'on a laissés souriant!

APPENDICE

———

I

LE RÉGIME AGRICOLE A LA FORET ET AUX ENVIRONS.

Bien que l'influence exercée par la fondation de M. l'abbé Sar-rauste sur la culture de la contrée commence seulement à se faire sentir, on peut en apprécier déjà la portée économique et sociale.

L'assolement en usage dans le pays est de trois ans : la première année est consacrée au sarrasin et aux pommes de terre; la seconde, du seigle, la troisième ordinairement à l'avoine. Puis on recommence, et ensuite on fait jachère pendant trois ans. La mauvaise façon donnée aux terres par un labour trop superficiel, la pénurie des fumiers par le défaut de plantes fourragères, et la trop vaste étendue des terres emblavées nécessitent ces jachères pendant les-quelles poussent des genêts qu'on brûle sur le sol, et dont la cendre remplace l'engrais pour le sarrasin. D'ailleurs le manque de fumiers empêche de songer à entreprendre le moindre défrichement. Dans cette situation, les baux qui sont fort nombreux, se règlent sur l'assolement et leur durée est de trois ans. Pendant une si courte période, le fermier ne peut rien améliorer: il épuise ce qui est passable et néglige le reste. En outre, rien ne vient atténuer l'effet des différences entre les récoltes successives: sont-elles bonnes, le propriétaire est désireux d'augmenter le fermage, et il y est poussé par les offres qu'il reçoit ; sont-elles mauvaises, le fermier ruiné se sauve ou du moins quitte endetté. Il y a ainsi une sorte de rotation entre une vie passable sans progrès et une ruine sans remède. Heureusement d'honorables exceptions se rencontrent, et souvent propriétaires et fermiers sont restés unis de père en fils au grand avantage de tous.

Quoique incomplètes, quelques données numériques peuvent fixer les idées sur la répartition des cultures aux environs de La Forêt (1).

État du sol et population.

DÉSIGNATION	COMMUNE de Calvinet et communes limitrophes (1)	CANTONS de Montsalvy, de Maurs et de Saint-Mamet.
Terres labourées	5,361 hectares	21,465 hectares
Prés.	2,571 —	10,145 —
Pâtures	834 —	5,171 —
Jardins et chennevières	126 —	598 —
Châtaigneraies	3,090 —	11,195 —
Bois.	2,125 —	9,528 —
Bruyères.	5,237 —	18,271 —
Superficie des bâtiments.	50 —	214 —
Vignes.	»	217 —
CONTENANCE TOTALE. . . .	19,394 hectares	76,804 hectares
POPULATION.	7,300 habit.	31,737 habit.

(1) Les communes limitrophes de Calvinet sont : Cassaniouze, Senezergues et Sansac (canton de Montsalvy); Marcolès, Leinhac et Saint-Antoine (canton de Saint-Mamet); Mourjou (canton de Maurs).

L'assolement pratiqué à La Forêt comprend une rotation de 8 à 10 années : 1° plantes sarclées sur un labour profond et une forte fumure; 2° seigle; 3° trèfle semé dans le seigle dès l'année précédente; 4° avoine ou seigle sur le trèfle retourné ou sur une demi-fumure; 5°, 6°, 7°, 8°, 9° ray-grass, minette, paturin, etc; 10°

(1) Ces renseignements sont extraits de documents plus complets que le Rapporteur doit à une bienveillante communication d'un honorable correspondant d'Aurillac, M. Pontet, ancien directeur des contributions directes.

avoine. Les deux conditions de succès sont des labours profonds et le chaulage des terres ; les résultats sont l'introduction de plantes fourragères et l'abondance des fumiers, ce qui assure un meilleur rendement et permet de défricher les landes. Pour cette opération, on brûle, on répand les cendres et on fait un seigle ; l'année suivante, on arrache les racines, on laboure, on chaule à raison de 12 mètres cubes à l'hectare, et l'on fait des pommes de terre. Ensuite viendra une avoine, puis un sarrasin, et si l'arrosage est possible, on pourra semer un pré.

L'irrigation, combinée avec le défrichement, amène la création de fraîches prairies sur des pentes stériles. Dans un très-intéressant mémoire présenté récemment à l'Académie des sciences (1) M. Albert Le Play a décrit le système méthodique de rigoles qui fonctionnent sur le domaine de Ligoure. Là, comme dans le Cantal, le sol est ondulé, presque imperméable ; les parties élevées sont fumées et cultivées, les fonds et les replis rentrants sont mis en prés. Quand survient une pluie, les eaux lavent les terres, entraînent les éléments solubles et charrient les limons fertiles. Si rien ne règle leur cours, elles ravinent le sol et descendent directement aux rivières, pour se perdre dans l'Océan avec les richesses qu'elles emportent. Il y a donc grand intérêt à faire circuler, au-dessous des cultures, des rigoles qui s'écartent peu des horizontales ; elles recueillent les égouts des champs et les conduisent là où la création d'un pré permet de les utiliser : l'exiguïté du domaine de La Forêt rend assez difficile l'application d'un réseau méthodique ; on a pu du moins réaliser déjà quelques progrès et on fera mieux encore d'année en année. C'est un travail facile pour les enfants ; ils en comprennent l'utilité et en répandront ensuite l'imitation.

Mais ce qu'il est surtout urgent de propager, c'est l'emploi de charrues assez puissantes pour défoncer profondément la terre. Aussi quatorze communes environnantes ont-elles reçu, par les soins du directeur de La Forêt, quatorze charrues Dombasle, qui sont louées aux cultivateurs moyennant une faible rétribution de 0,15 par jour

---

(1) Voir *Mémoires présentés par divers savants à l'Académie des sciences,* t. XXIII, n° 2. — Voir aussi dans l'*Atlas météorologique de l'Observatoire de Paris pour* 1876, l'étude intitulée : La pluie en agriculture et l'irrigation des prairies d'après M. le Dr A. Le Play, par M. A. Delaire.

pour les frais d'entretien. Chacun des dépositaires fait partie d'un comité qui, de temps à autre, se réunit à La Forêt pour en suivre la culture, discuter les résultats de l'assolement, étudier enfin dans quelle mesure on peut en imiter la pratique. A titre d'encouragement, ce même comité a distribué des subventions de chaux; il a organisé de petits concours de labourage pour lesquels il a pu accorder en prix, l'an dernier, quatre charrues et quatre herses. Ainsi sans sortir des limites de sa modeste mission, l'établissement seconde dans son voisinage immédiat les efforts puissants que font les sociétés d'agriculture, les comices et les concours officiels.

De tels progrès agricoles ont des conséquences sociales qui apparaissent déjà. Tous ceux qui adoptent l'assolement à longue période sont portés à allonger aussi la durée des baux, c'est-à-dire à rendre permanents les rapports entre propriétaires et fermiers; et la même influence produit les mêmes effets pour le métayage. En même temps, cultivateurs et journaliers commencent à entrevoir, sans quitter le pays, un large champ de travail et une source certaine de profits dans les défrichements rendus possibles par l'amélioration de la culture. Ce ne sont encore, si l'on veut, que des tendances hésitantes, mais elles se prononceront sûrement avec plus de netteté à mesure que l'établissement, mieux assis, exercera plus d'influence autour de lui par ses élèves et ses exemples.

II

L'ORGANISATION DE LA FAMILLE EN AUVERGNE.

Dans l'étude qui précède se rencontrent souvent les expressions de famille-souche ou de maison-souche. Ces mots, qui se trouvent au fond des idiomes populaires aussi bien que dans la langue de la littérature, ont un sens imagé que chacun saisit aisément (1). Mais en outre ils ont été introduits depuis peu dans le langage méthodique de la science sociale : il n'est donc pas inutile de préciser ici les idées qu'ils expriment.

Etudiée dans son organisation, la famille peut présenter trois types. Dans la *famille patriarcale* les jeunes ménages restent groupés en communauté au même foyer, sous la direction de l'aïeul ; cette forme existe surtout chez les peuples pasteurs. Elle est ordinaire aussi dans toute la Russie et peut encore se retrouver, à titre exceptionnel, chez des populations plus condensées. — La *famille instable* se constitue un jour par l'union des époux, promène son foyer sans traditions et se dissout dès que les enfants en âge de se suffire abandonnent les parents à leur isolement. Elle est propre aux peuples chasseurs, beaucoup de tribus sauvages la conservent et elle est générale parmi les agglomérations de nos centres industriels, qui nous la montrent souvent ravalée jusqu'à la bestialité. Si le *Contrat social* l'a présentée comme un idéal de liberté naturelle (2), le Code civil en fait chaque jour une

---

(1) En Allemagne, d'après le savant docteur Schœffle, les expressions *Stammfamilie*, *Stammhaus*, appartiennent encore à la langue usuelle. Mais le mot *souche* peint mieux encore que le mot *stamm* (tige) une famille stable, unie et féconde en rejetons. Dans la belle langue provençale, le fils héritier s'appelle la souche de la maison, *lou cepoun de l'oustaù*.

(2) « La plus ancienne de toutes les sociétés, et la seule naturelle, est celle de la famille ; encore les enfants ne restent-ils liés au père qu'aussi longtemps qu'ils ont besoin de lui pour se conserver. Sitôt que ce besoin cesse, le lien naturel se dissout. Les enfants exempts de l'obéissance qu'ils devaient au père, le père exempt des soins qu'il devait aux enfants, rentrent tous également dans l'indépendance. » (J.-J. Rousseau, *Contrat Social*, liv. Ier, ch. II.

réalité par les liquidations périodiques qui dans tous les rangs
de la société détruisent à la fois le patrimoine et la tradition (1).
Enfin la *famille-souche* conserve au foyer traditionnel l'un des
enfants marié près des parents et choisi comme héritier pour continuer la maison. A chaque génération, grâce au concours de cet
héritier associé au père, les autres rejetons sont établis successi-
vement au-dehors et dotés avec la totalité des bénéfices du travail
commun. Souvent quelques-uns demeurent dans le célibat,
dévoués à leurs neveux sous le toit paternel ; souvent aussi ceux
que les épreuves de la vie ont meurtris, viennent se réfugier sous
son abri.

« Ce régime, dit M. Le Play dans l'une de ses meilleures
pages (2), communique à toutes les races les forces matérielles et
morales qui sauvegardent l'indépendance du territoire et fondent
au-dehors des colonies prospères. Il est bien bienfaisant pour
toutes les classes de la société : il préserve les plus riches de la
corruption en leur imposant de sévères devoirs ; il fournit aux
moins aisés le moyen d'épargner à leurs rejetons les dures épreuves de la pauvreté. Il distribue équitablement les avantages et les
charges entre les membres d'une même génération : à l'héritier en

---

(1) « Un code de lois qui semble avoir été fait pour un citoyen idéal, naissant enfant trouvé et mourant célibataire ; un code qui rend tout viager, où
les enfants sont un inconvénient pour le père, où toute œuvre collective
et perpétuelle est interdite, où les unités morales, qui sont les vraies, sont
dissoutes à chaque décès, où l'homme avisé est l'égoïste qui s'arrange pour
avoir le moins de devoirs possible, où l'homme et la femme sont jetés dans
l'arène de la vie aux mêmes conditions, où la propriété est conçue non
comme une chose morale, mais comme l'équivalent d'une jouissance toujours
appréciable en argent ; un tel code, dis-je, ne peut engendrer que faiblesse
et petitesse... Avec leur mesquine conception de la famille et de la propriété,
ceux qui liquidèrent si tristement la banqueroute de la Révolution, dans les
dernières années du XVIIIᵉ siècle, préparèrent un monde de pygmées et de
révoltés. » (E. Renan, *Questions contemporaines*, préface, 1868.) — D'autres
écrivains, aussi peu suspects de partialité pour le passé, expriment des opinions analogues ; voir notamment : E. About, *Le Progrès*, 1864, p. 295 ;
Lanfrey, *Histoire de Napoléon Iᵉʳ*, t. II, p. 128 ; E. Montégut, *Revue des
Deux Mondes*, 15 août 1871 ; H. Taine, *L'Ancien Régime*, p. 315 ; P. Beth-
mont, *Discours à l'Assemblée nationale*, 25 juin 1871 ; J. Lecesne, rapport
sur la marine marchande, 27 novembre 1877 ; etc...

(2) Voir l'*Organisation de la Famille*, 2ᵉ édition, liv. I, ch. 2, § 8.

balance de lourds devoirs, il confère la considération qui s'attache au foyer et à l'atelier des aïeux ; aux membres qui se marient au-dehors, il assure l'appui de la maison-souche avec les charmes de l'indépendance ; à ceux qui préfèrent rester au foyer paternel, il donne la quiétude du célibat avec les joies de la famille ; à tous enfin il ménage jusqu'à la plus extrême vieillesse le bonheur de retrouver au foyer paternel les souvenirs de la première enfance.»

Telles étaient ces familles de la vieille France dont M. Ch. de Ribbe a exhumé avec tant de bonheur les précieuses archives comme les plus beaux modèles à offrir à notre génération (1). Telles sont encore de fortes races de paysans, dans les Pyrénées ou les Alpes, sur les Cévennes ou le plateau central, partout enfin où la puissance conservatrice des mœurs les a pu maintenir en dépit de l'action destructive des lois.

Il en est ainsi notamment dans l'Auvergne et le Rouergue (2). Chez ces races vigoureuses, tous, gentilshommes ou paysans, sont fortement attachés au sol et imbus des mêmes idées. *Faïré un oustal*, faire une maison, c'est-à-dire perpétuer la famille à son foyer traditionnel est l'œuvre à laquelle se dévouent avec un zèle égal et sous peine de déshonneur, le père, son héritier et les puînés. L'héritier est la forte tête de la lignée, généralement l'aîné, garçon ou fille ; il est institué au moment de son mariage et la dot de la bru ou du gendre, hypothéquée sur le domaine, reste entre les mains du père pour l'aider à fournir aux autres enfants leur part d'héritage. La mission paternelle et les sacrifices onéreux qu'im-

---

(1) « C'est pour chacun », a dit récemment un éloquent prélat dans des *Conférences* fort remarquées, « un devoir de lire et de faire lire les ouvrages de M. Ribbe. » — Voir surtout : *Les Familles et la société en France avant la Révolution*, 3ᵉ édit., 2 vol. in-18; — *La Vie domestique, ses modèles et ses règles*, 2ᵉ édit., 2 vol. in-18, Paris, Baltenweck.

2 Plusieurs des traits de cette esquisse sont empruntés à un excellent travail de M. Jonquière sur les familles du Rouergue (Voir *Annuaire des Unions de la paix sociale* pour 1876, ch. xiii). Nous avons pu constater, par une enquête personnelle, que, moyennant quelques retouches ou quelques additions qu'explique la diversité des lieux, le portrait reste ressemblant pour les familles de l'Auvergne, au moins dans la partie du Cantal qui avoisine l'Aveyron.

posent à l'héritier *l'advancement de la maison* et l'avenir des cadets, lui assurent en revanche le respect et l'affection de ceux-ci. Enfants du pays, les membres du clergé, les juges de paix, et même les officiers ministériels ont longtemps été enclins à maintenir plutôt qu'à ébranler la tradition. A raison de la faiblesse du préciput, le paiement des légitimes est pour l'héritier une lourde charge. Elle lui est rendue moins écrasante chez les paysans les plus humbles par l'émigration temporaire. Celle-ci, grâce au travail dans les villes, permet soit à l'héritier de se préparer du vivant du père quelques épargnes, soit surtout aux cadets de faire crédit à l'aîné et d'amasser les ressources nécessaires pour fonder à leur tour une maison-souche en rentrant se marier au pays. Parmi les familles aisées, la tâche de l'héritier est encore facilitée par les vocations religieuses et le célibat volontaire. Le jeune prêtre ou la religieuse abandonnent souvent leur part d'héritage, et les oncles ou les tantes qui vieillissent au foyer, lèguent leurs droits au futur héritier. Autrefois, en outre, il n'était pas rare que les filles gardant le célibat se vouassent, sans quitter leur toit paternel, à une sorte de vie religieuse. Sous le nom et sous l'habit de menettes ou de béates, là comme en Bretagne, comme dans la plupart de nos provinces, elles assistaient les malades du voisinage, apprenaient à lire aux enfants et surtout gravaient dans leur jeune cœur, avec les préceptes du catéchisme, ces éternels principes de morale plus importants pour le bonheur de la vie que les connaissances scolaires. Inutile de dire combien cette modeste influence contribuait à maintenir l'harmonie entre les familles, à favoriser la bonne éducation du premier âge et à susciter les vocations religieuses.

Grâce à la force de la tradition, ces coutumes sont toujours en honneur. Encore aujourd'hui, si un père vient à décéder sans avoir institué d'héritier, les enfants font d'ordinaire, entre eux, cette institution à l'amiable. Toutefois, bien des indices montrent que, là aussi, les mœurs d'autrefois ont subi plus d'une atteinte. Au dire des vieillards, les enfants témoignent d'un moins grand respect envers les parents; parfois, les aînés méconnaissent leur mission protectrice et n'acceptent que les avantages de leur situation; les cadets, de leur côté, cèdent aux idées d'égalité et protestent contre l'attribution du préciput. L'ingérence d'hommes de loi, étrangers aux coutumes locales et dominés par des opinions professionnelles, provoque des contestations ; peu de partages peut-être, mais beaucoup de licitations (1). Elles sont toujours désastreuses : s'il n'y a pas d'acheteurs, les cadets voient vendre le bien à vil prix ; si l'aîné a travaillé longtemps sur le domaine, il est contraint de le garder, et on le lui fait payer cher. De toute façon, l'esprit de famille est détruit, car l'héritier, ayant acquis le foyer, comme tout autre enchérisseur, à beaux deniers comptants, s'exonère aisément de tout devoir entre ses frères et sœurs. Il est vrai que, de toute façon aussi, le fisc et les officiers ministériels ont prélevé une bonne part de l'héritage (2).

---

(1) Rien n'est plus douloureux que la décadence irrémédiable de ces vieilles maisons de paysans dont la prospérité plusieurs fois séculaire s'écroule en peu d'années dès que les partages et les procès se substituent au respect de la coutume. L'histoire de la famille Mélouga est aujourd'hui bien connue par les travaux de MM. Le Play et Cheysson, mais on ne saurait trop méditer sur son fatal dénouement. (Voir l'*Annuaire des Unions de la paix sociale pour 1875*, ch. xv.)

(2) Consulter sur ce sujet : *L'Héritage dévoré par le fisc et la procédure*, par M. Jules Brame, in-8°. Paris, 1867 et l'*Annuaire des Unions*, 1756, ch. *XIV.* — Avec sa verve ordinaire, M. Ed. About a vivement décrit les effets produits en un demi-siècle sur la société française par la loi du partage égal : « Elle a poussé jusqu'à l'absurde la division des propriétés ; elle a dévoré en licitations et en frais de justice une notable partie du capital acquis ; elle a défait peut-être un million de fortunes au moment où elles commençaient à se faire. Le père fonde une industrie et meurt : tout est vendu et partagé ; la maison ne survit pas à son maître. Un fils a du courage et du talent : avec sa petite part du capital paternel il fonde une autre maison, réussit, devient presque riche et meurt ; nouveau partage, nouvelle destruction ; tout à recommencer sur nouveaux frais : un vrai travail de Danaïdes. L'agriculture en souffre, l'industrie en souffre, le commerce en souffre, le bon sens en rougit. (*Le Progrès*, p. 295.) — En fait, les coutumes de partage égal existaient fort anciennement en diverses provinces, notamment en Champagne et en Lorraine, et leur rigueur n'était tempérée que par les mœurs. Leurs désastreux effets de morcellement avaient déjà donné lieu, avant 1789, à de justes doléances et à quelques essais de réformes. Nul mieux que M. Michelet n'a indiqué comment la loi de partage a été, chez les Celtes, « une cause continuelle de troubles, un obstacle invincible au progrès, une révolution éternelle. » Voir surtout la curieuse page où, après avoir démontré, avec Turner, que ce partage indéfini des successions devait fatalement, en Bretagne comme en Gaule, soumettre la race celtique à la race germanique, l'auteur fait « gloire » aux Celtes d'avoir « de si bonne heure montré aux peuples un tel idéal. » (*Hist. de France*, t. I, p. 121, 122. Édit. Chamerot, 1861.)

Bien des exemples, minutieusement étudiés, donnent à croire que, chez les propriétaires-cultivateurs, les épargnes d'une génération ne peuvent tout au plus égaler que 50 0/0 de la valeur du domaine. Il semble donc que la légitime des enfants ne devrait pas dépasser la moitié. C'est la proportion qu'avaient sanctionnée nos vieilles lois du Midi inspirées par le droit romain, et aussi, (sauf certaines réserves en ce qui touche les propres, etc.), plusieurs coutumes du Nord, comme celles de Paris et d'Orléans; c'est celle que défendirent inutilement devant le Tribunal ou le Conseil d'État le Premier Consul, Portalis, Malleville, etc.; c'est celle enfin qu'ont adoptée divers codes récents, entre autres le *Code civil du canton de Vaud*, le *Code civil prussien*, le *Code civil autrichien* et le *Nouveau Code civil italien* (1866) (1). Peu importe, au surplus, la proportion fixée par la loi, quand la puissance des mœurs s'emploie, comme jadis dans la France entière, à faire respecter la volonté paternelle et les arrangements de famille qu'elle prescrit. « Partout, a dit excellemment M. Trolong, et dans tous « les pays civilisés ou non, les désirs exprimés par le père à son « moment suprême parlent plus haut aux enfants recueillis que « toutes les lois de l'ordre civil » (2). Aussi, quoique inhabiles à se rendre compte des causes qui altèrent leurs usages traditionnels, les pères de familles, en Auvergne, ne s'arrêtent guère à l'insuffisance de l'attribution du quart et ne réclament aucune extension de la quotité disponible. Pour éviter le partage des successions, ils n'ont pas encore songé, comme ailleurs, à restreindre la fécondité des mariages. C'est par les conséquences éloignées qu'ils éprouvent l'effet des contraintes successorales. Ils se bornent à souhaiter les

---

(1) Voir sur ce sujet l'intéressant travail de M. Claudio Jannet, professeur à l'Université catholique de Paris, intitulé : *Les résultats du partage forcé des successions en Provence* (2e édit. in-8°. Paris, Guillaumin, 1871), et aussi l'étude du même auteur insérée sous le titre de IIIe Appendice dans *L'Organisation de la Famille*, par M. F. Le Play (2e édition 1874). — Les réformes partielles dont j'ai retrouvé le vœu chez les paysans du Cantal sont réclamées depuis longtemps déjà par d'éminents jurisconsultes, dont le nombre s'accroît sans cesse. Il est à remarquer qu'après la paix de 1871 le Gouvernement allemand a spontanément réalisé, en Alsace-Lorraine, les plus utiles de ces réformes.

(2) *Traité des Donations entre vifs et des Testaments*, préface.

remèdes immédiats : plus de facilité pour faire les arrangements de leur vivant; plus de garantie contre des contestations soulevées à leur décès; le droit d'instituer un arbitre souverain pour éviter tout procès entre leurs enfants; un délai accordé à l'héritier pour payer les dots de ses frères et sœurs; enfin un allègement aux charges qui pèsent sur les petites successions (1).

Peut-être devrait-on noter, en outre, quelque changement dans le régime d'émigration périodique et dans le rôle du célibat. On quitte encore le pays, mais on veut emporter sa dot, et par suite liquider sans délai. Les filles qui renoncent au mariage restent moins souvent au foyer : elles vont à la ville; il n'y a plus de menettes. Quel que soit le zèle chrétien des petits ordres de femmes récemment fondés, la bonne sœur, qui est une étrangère de passage dans la famille, laisse toujours vide au foyer la place occupée naguère par la béate. Pour le soin des malades, on se soustrait sans honte au vieil usage d'assistance mutuelle : « on va chercher la sœur »; les petits enfants sont plus abandonnés et les vocations religieuses moins fréquentes.

A tout prendre, ce ne sont encore là que des ombres légères la tradition, toujours vivace, serait sauvegardée pour l'avenir, les vieilles mœurs pourraient refleurir avec tout leur éclat, si les influences sociales s'employaient, sans tarder, à ramener chacun au sentiment de ses devoirs. Il faut, par l'observation des faits quotidiens, montrer l'importance de cette continuité des traditions domestiques, à laquelle rien ne peut suppléer; faire comprendre que le partage égal de l'héritage, s'il doit avoir pour résultat de le détruire en entier, est une œuvre barbare (2), et rappeler que la

---

(1) Diverses dispositions d'un projet de loi préparé par le Gouvernement impérial, à la suite de l'enquête agricole de 1867, répondaient à ces vœux. Malheureusement ces tentatives de réformes fécondes, ajournées déjà par le ministère du 2 janvier, ont disparu, avec bien d'autres, dans la crise révolutionnaire. Pourtant, une récente proposition, déposée à la Chambre par M. Dufaure, tend du moins à diminuer les frais qui dévorent aujourd'hui les petites successions. (Voir, à ce sujet, dans l'*Annuaire d'économie sociale pour 1878*, une étude de M. Paul Cauvin, avocat à la Cour d'appel.)

(2) Voir, à cet égard, les faits navrants mentionnés dans l'Exposé des motifs du projet de loi présenté par M. Dufaure. — Le projet de loi préparé en 1867

transmission intégrale du foyer à l'héritier, loin d'être un privilège gratuit, constitue, pour lui, des devoirs onéreux. Il faut que chacun reste convaincu que *faire un oustal* c'est maintenir pour de longues années, au grand avantage de tous, l'association naturelle que Dieu a bénie et que la mort du père ne doit pas dissoudre.

était plus libéral ; il accordait par privilège la libre disposition de l'avoir immobilier au père dont la fortune est inférieure à 5,000 fr. Une pareille proposition ne peut soulever contre elle aucune inquiétude légitime : elle est tout à l'avantage du plus grand nombre. Sans imposer aucune contrainte, en restituant seulement les libertés confisquées en 1793, elle protégerait les petites fortunes à *l'état naissant*, tandis que le régime actuel vient les détruire à l'instant où disparaît celui qui les a créées, au prix d'une vie entière de sacrifices et de dévouement.

(Voir ci-dessus, note, page 51.)

III

L'ENFANCE ABANDONNÉE ET LES INSTITUTIONS DE PRÉVOYANCE EN AMÉRIQUE ET EN ANGLETERRE.

Bien qu'aucune institution d'assistance, en Amérique ou en Angleterre, ne repose sur les mêmes principes que Notre-Dame du Cantal, plusieurs obtiennent des résultats analogues par des moyens différents, et il n'est pas sans intérêt d'en consulter la pratique. Tout récemment, M. le pasteur Robin a exposé devant la *Société générale des prisons* les résultats d'une enquête qu'il a poursuivie en Angleterre et aux Etats-Unis sur les établissements destinés à l'enfance coupable ou abandonnée. Il a bien voulu nous donner d'intéressants détails, et nous nous efforcerons d'être ici un écho fidèle.

Nous devons dire d'abord que l'asile (*state public school*) que nous avons déjà cité, et qui a été ouvert il y a quatre ans à Coldwater (Michigan), a été établi sur le type de Mettray (1). Un bâtiment central réunit la chapelle et les services généraux, direction, ateliers, réfectoires, cuisines; mais les enfants sont répartis, par groupe de trente, dans huit cottages, dirigés chacun par une dame (*Lady cottage manager*), qui devient la mère adoptive de sa jeune famille. Destiné surtout aux enfants qui pourrissaient parfois depuis plusieurs années dans une promiscuité pleine de périls avec les indigents adultes des asiles de mendicité, l'orphelinat a recueilli, en deux ans, 286 enfants. Sur ce nombre, 88 ont été, en moyenne, au bout de douze mois de séjour, fort bien placés aux environs sous le patronage de l'établissement, ou même adoptés par des familles honorables, par des fermiers, des négociants, des industriels, des avocats, ou des pasteurs. Mais les œuvres de ce genre sont encore minimes, si on les compare aux grandes sociétés dont le siége est à New-York. Nous en citerons deux.

---

(1) Voir une notice de M. Drouyn de L'huys, insérée aux *Comptes rendus de l'Académie des sciences morales et politiques*, t. VIII, août 1877.

La *Children's Aid Society*, qui compte déjà vingt-quatre ans d'existence, est surtout une œuvre urbaine. Elle a établi dans les divers
quartiers de New-York cinq *Lodging houses* pour les garçons et deux
pour les filles. Ce sont des refuges de nuit qui ressemblent à cet
asile de Marseille, ouvert aux vagabonds adultes par l'initiative charitable de M. Massabo (1). Dans les *Lodging houses*, les enfants
viennent coucher pour quelques pence ; ils peuvent être blanchis
et même trouver un repas moyennant une faible rétribution. Ce
sont moins des abandonnés que de petits industriels, surtout des
marchands de journaux, vivant en dehors de toute famille. On
les habitue à l'épargne : sur de longues tables s'alignent des troncs
fermant à clé, qui reçoivent, chaque soir, les économies de la
journée. En 1875, 1,311 enfants ont ainsi amassé 16,000 fr.
Indépendamment des asiles de nuit qui ont recueilli, en 1876,
15,727 enfants vagabonds, la société a créé vingt-neuf écoles industrielles, qui réunissaient, la même année, 10,000 enfants. Elle
encourage aussi l'émigration, en envoyant vers l'Ouest ceux des
enfants qui consentent à s'expatrier. Ils partent par petites troupes
sous la conduite d'un inspecteur qui les place, les visite et les sur-
veille. En 1876, 3,989 enfants ont été ainsi se fixer à la vie agricole.
Le budget annuel de l'œuvre dépasse maintenant un million, et elle
a secouru, en vingt-trois ans, 50,000 enfants. Les rapports que
nous avons sous les yeux estiment — mais le résultat semble si
beau qu'on redoute quelque peu d'illusions — à 5 0/0 seulement le
nombre de ceux qui retombent dans la misère ou le délit.

Le *New-York Juvenile Asylum* fonctionne aussi depuis vingt-cinq
ans. En Amérique, plus encore peut-être qu'en Angleterre, les
magistrats mettent la plus grande réserve à condamner les enfants,
ou même à les retenir. Encore leur sentence n'est-elle définitive
qu'au bout de vingt jours, si dans l'intervalle l'enfant ne s'est pas
amendé. Le *Juvenile Asylum* comprend d'abord une maison de
réception où les jeunes condamnés viennent passer ces vingt jours

---

(1) *Bulletin de la Société d'économie sociale*, t. IV, p. 753. — Une œuvre
d'hospitalité, analogue à celle de Marseille, vient heureusement d'être créée à
Paris, près la place d'Italie, par les soins de M. l'abbé Hardouin et de MM. de
Plœuc, Bouruet-Aubertot, etc.

d'attente. Sur 894 enfants reçus en un an, 80 seulement avaient encouru une condamnation ; 192 avaient été confiés comme insoumis par leurs parents ou leurs tuteurs ; 507 avaient été amenés, mais abandonnés de fait ; 6 étaient venus d'eux-mêmes. Ceux qui ne sont pas rendus à leur famille après un court délai, sont envoyés dans un grand asile ouvert dans la banlieue de New-York pour l'apprentissage des métiers. Les trois quarts environ sont plus tard mis chez des maîtres ou retirés par leurs parents ; un quart à peu près, détaché de tout lien, est envoyé dans l'Ouest. La Société a installé à Normal dans l'Illinois, une maison qui sert d'asile aux enfants jusqu'à ce qu'ils soient placés par les soins de l'inspecteur, et qui leur offre encore un refuge en cas de chômage ou de maladie. On ne saurait dire combien sont touchantes les lettres écrites à leurs bienfaiteurs par ces jeunes colons ; plusieurs ont été adoptés ; quelques-uns sont devenus déjà de riches propriétaires. En résumé, ces deux sociétés, par leur initiative privée, remplissent, on le voit, une mission assez analogue à celle de notre Assistance publique. Il faut bien avouer toutefois que ces institutions, ainsi que la *Society for the juveline delinquents*, donnent lieu à de justes critiques au double point de vue du gaspillage de l'argent et des excès du prosélytisme. Ainsi le traitement des maîtres et des employés absorbe le tiers ou même la moitié des ressources ! Ainsi encore l'envoi dans l'Ouest n'a été parfois qu'un moyen de soustraire à l'influence de familles catholiques, par l'éloignement et le changement de nom, les enfants attirés par les secours de l'assistance et rattachés aux communions protestantes (1).

Nous emprunterons aussi deux exemples à l'Angleterre. L'un met en relief toute la puissance du dévouement personnel. En 1870, M. le docteur Barnabo, de Manchester, vivement ému de la situation douloureuse des petits vagabonds qui errent la nuit dans les rues de Londres, conçut la pensée de leur constituer un *Home*. Rien n'est plus curieux et plus triste à la fois que les courses de nuit

_____

(1) Voir : le *Catholic World* d'avril 1873, le *Bulletin of the catholic Union* de janvier 1875, et d'autres documents cités par M. Claudio Jannet dans son bel ouvrage : *les Etats-Unis contemporains*, ch. XVIII, 3e édition, 1877.

du bon docteur à la recherche de ces « Arabes » qu'aucun service
de police ne vient, comme à Paris, recueillir et abriter. Il a pris
d'abord chez lui quelques-uns de ces malheureux enfants; lui-
même les exerçait à cirer les chaussures. Puis, à force de peine,
par la parole, par la presse, par les meetings, il a pu rassembler
assez de ressources pour ouvrir des écoles et des ateliers, même
une école de mousses pour ceux que leur âge ou leur caractère
rend plus insoumis. Réunis en brigades, pourvus d'uniformes, ces
enfants exercent pendant une partie de la journée quelques métiers
lucratifs sous la surveillance d'inspecteurs. Il y a la brigade des
petits décrotteurs, celle des petits commissionnaires, qui ont fait
80,000 francs d'affaires en un an, et surtout celle des petits fen-
deurs de bois, dont le chiffre d'affaires s'est élevé à 175,000 francs,
sur lesquels 75,000 ont pu, comme bénéfice, être distribués aux
familles.

La seconde institution est le *Children's-Home*, fondée par le révérend Stephenson. Dans le bel établissement installé à Londres,
les enfants sont divisés en groupes comme à Mettray. Chacune de
ces familles, gouvernée par une mère adoptive, a sa vie propre,
ses fêtes intimes et ses anniversaires de naissance. Le don d'une
propriété de cinquante hectares, située à Bolton, dans le Lancashire,
permet de dresser une partie des enfants à la vie rurale pour être
placés chez des fermiers du voisinage. Mais Londres est encore
trop près, et la plupart y reviennent. Le révérend Stephenson a eu
recours alors à l'émigration vers le Canada. Lui-même conduit
les enfants qui acceptent cette expatriation; il les place et retourne
plus tard les visiter. Une maison à Hamilton (Ontario) les reçoit à
l'arrivée, les garde provisoirement et leur sert d'asile en cas de malheur.

Inutile de montrer à l'œuvre d'autres sociétés anglaises ou
américaines ; toutes se ressemblent d'ailleurs par l'esprit chrétien
qui les inspire, par les méthodes d'éducation qu'elles emploient,
par la puissance des ressources dont elles disposent (1).

---

(1) On consultera avec profit les beaux rapports de M. le pasteur Robin,
sur les résultats obtenus en Angleterre et aux États-Unis par la création des

Un dernier mot cependant. Ces exemples d'émigration et de colonisation par des enfants ramènent la pensée vers l'Algérie. Ne serait-il pas désirable de pouvoir déverser sur une colonie si voisine une partie de nos orphelins des villes et de nos enfants assistés ? Une société s'est fondée à cet effet, l'an dernier, à Paris, et elle a choisi, pour présider son conseil, M. le sénateur comte Foucher de Careil. Elle n'en est encore qu'aux études préliminaires, mais on doit souhaiter à une entreprise si patriotique une complète réussite. Nous sommes convaincus que son avenir confirmera une fois de plus l'enseignement qui nous est unanimement donné par les exemples de la libre Amérique et de la protestante Angleterre, à savoir que les conditions nécessaires du succès sont l'abnégation chrétienne chez les bienfaiteurs dévoués et l'éducation religieuse chez les enfants secourus.

écoles industrielles, et sur les applications que l'on peut faire en France de ces institutions préventives. (Voir le *Bulletin de la Société générale des prisons*, janvier-avril 1878.)

IV

LA SOCIÉTÉ POUR LA FONDATION ET LE PATRONAGE DES MAISONS
DE FAMILLE AGRICOLES EN FAVEUR DES ORPHELINS.

Il ne peut entrer dans le cadre de cette étude de raconter les
efforts et les sacrifices faits par de généreux bienfaiteurs depuis la
création de l'orphelinat. Toutefois, après avoir rappelé la haute
protection que voulut bien lui accorder, à la suite de nos désastres,
Mme la maréchale de Mac-Mahon, c'est un devoir encore de rendre
hommage à la mémoire de Mgr de Pompignac, évêque de Saint-
Flour, qui a prêté son appui au fondateur ; à la mémoire aussi du
P. Étienne et du F. Philippe, qui lui ont donné leur concours et
leurs conseils ; au zèle charitable de MM. le comte Prosper de
Gascq, Am. Delzons, ancien député ; Maysonobe, conseiller général,
vice-président de la Société d'agriculture du Cantal ; Debladis, de
Falvelly, de Saint-Julien, le docteur Desormaux, Réveillac d'Essonnes,
de Reddemont, qui l'ont assisté dès la première heure et auxquels
se sont joints bientôt NN. SS. les évêques de Limoges et de Rodez,
M. l'abbé d'Hulst, vicaire général ; le P. Lantiez, le R. P. Lescœur,
M. l'abbé de Roquefeuille, MM. de Lamberterie, le marquis de Dampierre, anciens députés ; E. Beauvais, A. Silvy, conseiller d'État ; de
Lamarque, chef de bureau au Ministère de l'intérieur ; E. Cheysson,
ingénieur en chef des ponts et chaussées ; etc.

Il faut surtout payer un tribut de reconnaissance à l'infatigable
dévoûment des Comités de dames patronnesses. Fondés d'abord
par les familles de Tournemine et Sarrauste de Menthières, ils ont
trouvé les plus actifs coopérateurs parmi les familles d'Auvergne
fixées dans la capitale, et ont réuni, tant à Aurillac qu'à Paris,
MMmes de Parieu, la comtesse de Miramon-Fargues, Debladis, Ed.
Bonnefond, la comtesse de Gascq, Harlé d'Ophove, de Saint-Julien,
d'Aulnoy, Désormaux, Pascaud, Pontet, la comtesse de Perrigny,
la comtesse d'Assailly, Victor de Laprade, Broquin, la comtesse de
Chambrun, Réveillac d'Essonnes, la duchesse de la Rochefoucauld-
Doudeauville, Grifeuille, Astorgis, Vigier, de Sorbier de Pougado-

resse, Albert Le Play, Hardy...; et Mlles de Lamberterie, Laborie, Pauline de Tournemine, etc.

En dix années, la mort a fait déjà bien des vides parmi les bienfaiteurs de l'Œuvre ; mais la charité ne meurt pas, et d'autres protecteurs non moins chaleureux ont accordé à Notre-Dame du Cantal leur généreuse sympathie. Qu'ils nous pardonnent de ne point transcrire ici tous leurs noms, qu'une liste générale présentera prochainement.

Aussi bien pour assurer la perpétuité de leur fondation sur le domaine qui l'a vue naître, que pour répondre aux désirs exprimés dans divers diocèses pour la création de Maisons de famille, M. l'abbé Sarrauste et le Conseil de Notre-Dame du Cantal ont jugé le moment venu de donner à l'Œuvre un développement nouveau. Grâce au concours éclairé de M. J. de Lamarque, une Société s'est organisée à Paris pour aider à multiplier les institutions dont l'orphelinat de La Forêt a offert le modèle. Voici, par extraits, les statuts provisoires qu'elle a adoptés et la composition de son premier Conseil :

TITRE PREMIER
BUT ET ACTION DE LA SOCIÉTÉ.

ART. 1er. — La Société, pour la fondation et le patronage des Maisons de famille agricoles, a pour but de recueillir les jeunes orphelins, principalement dans les grandes villes, de les ramener autant que possible à leur pays d'origine, et de les fixer à la vie rurale par la méthode suivie à Notre-Dame du Cantal.

ART. 2. — La Société traite, pour l'administration des Maisons de famille qui lui appartiennent, avec des Directeurs ou des Associations légalement reconnues.

Chaque Maison de famille a ainsi son budget spécial et sa vie propre.

ART. 3. — La Société peut, en outre, subventionner les établissements qui voudraient adopter la même méthode.

. . . .

TITRE II.
ORGANISATION ET RESSOURCES.

ART. 5. — La Société se compose de membres honoraires, de fondateurs, de souscripteurs et de Dames patronnesses.

Sont de droit membres honoraires :

L'Archevêque de Paris,

Les Ministres de l'Intérieur et de l'Agriculture,

Le Préfet de la Seine,

Le Préfet de Police,

Les Évêques et les Préfets dans le diocèse ou le département desquels est située une Maison de famille.

Le nom de fondateur est acquis à tout souscripteur dont la cotisation annuelle s'élève à 100 francs au moins, avec engagement de continuer la souscription pendant quatre ans, ou qui verse une somme, une fois donnée, de 300 francs au moins.

Les souscripteurs sont les personnes qui versent ou prennent l'engagement de verser une somme quelconque, inférieure à 100 francs.

Sont dames patronnesses toutes les dames qui veulent bien seconder le bureau de l'Œuvre pour obtenir des ressources à la Société.

. . . .

TITRE III.

ADMINISTRATION DE LA SOCIÉTÉ.

ART. 7. — La Société est dirigée par un Conseil, composé de vingt à trente membres, choisi de préférence parmi les fondateurs. La durée des pouvoirs du Conseil est de huit années, et il se renouvelle lui-même par quart tous les deux ans. Les membres sortants sont rééligibles.

Le Conseil choisit dans son sein un Bureau chargé de l'administration.

. . . .

ARTICLE ADDITIONNEL

Le Comité qui a organisé la Société et fondé Notre-Dame du Cantal, formera le premier Conseil de la Société.

Il se compose actuellement de trente membres, et se renouvellera conformément à l'article 7.

Les trois premiers quarts sortants seront désignés par le sort.

Conseil d'organisation de l'Œuvre.

Président.

M. l'abbé d'HULST, vicaire général de Paris, 90, rue de Varenne.

Vice-Président, Secrétaire général.

M. J. DE LAMARQUE, chef de bureau au Ministère de l'Intérieur, 23, rue Cassette.

Secrétaire général adjoint.

M. le comte DE FROISSARD, 153, boulevard Haussman.

Trésorier.

M. ALEXIS DELAIRE, ancien élève de l'École polytechnique, 63, rue de Rennes.

Dame Secrétaire.

Mme veuve SANDRIN, chargée de recevoir les souscriptions, 81, rue Nollet, Batignolles-Paris.

Secrétaire.

M. E. BEAUVAIS, 1, rue de Dantzik, Vaugirard-Paris.

Membres du Conseil.

MM. BOITEL, Inspecteur général de l'agriculture.

l'abbé DE BRÉON, vicaire à Saint-Augustin.

GAYLAR, négociant.

CHAYLUS, négociant.

CHEYSSON, Ingénieur en chef des ponts et chaussées.

l'abbé DE COURCY.

le marquis DE DAMPIERRE, ancien député.

DEBLADIS, négociant.

DESORMAUX, chirurgien de l'hôpital Necker.

FAY (Henri).

HALNA DU FRETAY, Inspecteur général de l'agriculture.

DE LACOMBE (Charles), ancien député.

DE LAMBERTERIE, ancien député.

MM. l'abbé LANTIEZ, supérieur général de la Congrégation des Frères de Saint-Vincent-de-Paul.

LEFÉBURE (Léon), ancien député.

le R. P. LESCŒUR, de l'Oratoire.

l'abbé MIQUEL, premier vicaire à Saint-Philippe-du-Roule.

le comte DE MIRAMON-FARGUES.

le comte DE PERRIGNY.

RÉVEILLAC-D'ESSONNES, négociant.

ROUX (Xavier).

DE SAINT-JULIEN, directeur de l'octroi de Paris.

le comte DE SÉGUR-LAMOIGNON.

VIGIER, ancien avoué.

VIGUIER, négociant.

Dames patronnesses.

MMes DE PARIEU, *Présidente.*

    la comtesse DE MIRAMON-FARGUES, *Vice-Présidente.*

    DEBLADIS, *Trésorière.*

    la comtesse d'ASSAILLY.

    DÉSORMAUX.

    HARLÉ D'OPHOVE.

Mlle DE LAMBERTERIE.

MMes ALBERT LE PLAY.

    PASCAUD.

    la comtesse DE PERRIGNY.

    RÉVEILLAC-D'ESSONNES.

    DE SAINT-JULIEN.

    DE SORBIER DE POUGADORESSE.

    VIGIER.

AVIS.

Les personnes qui voudront bien apporter à cette OEuvre chrétienne et patriotique leur concours moral et pécuniaire sont priées de faire parvenir leur adhésion ou leur offrande, soit à M. DE LAMARQUE, Vice-Président, Secrétaire général, soit à M. A. DELAIRE, Trésorier. — On peut aussi s'adresser aux membres du Conseil ou aux dames patronnesses.

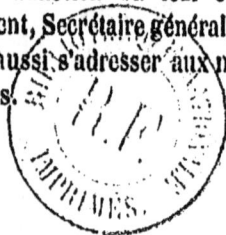

Paris. — Imp. Paul Dupont, 41, rue J.-J.-Rousseau (2036 5.76)

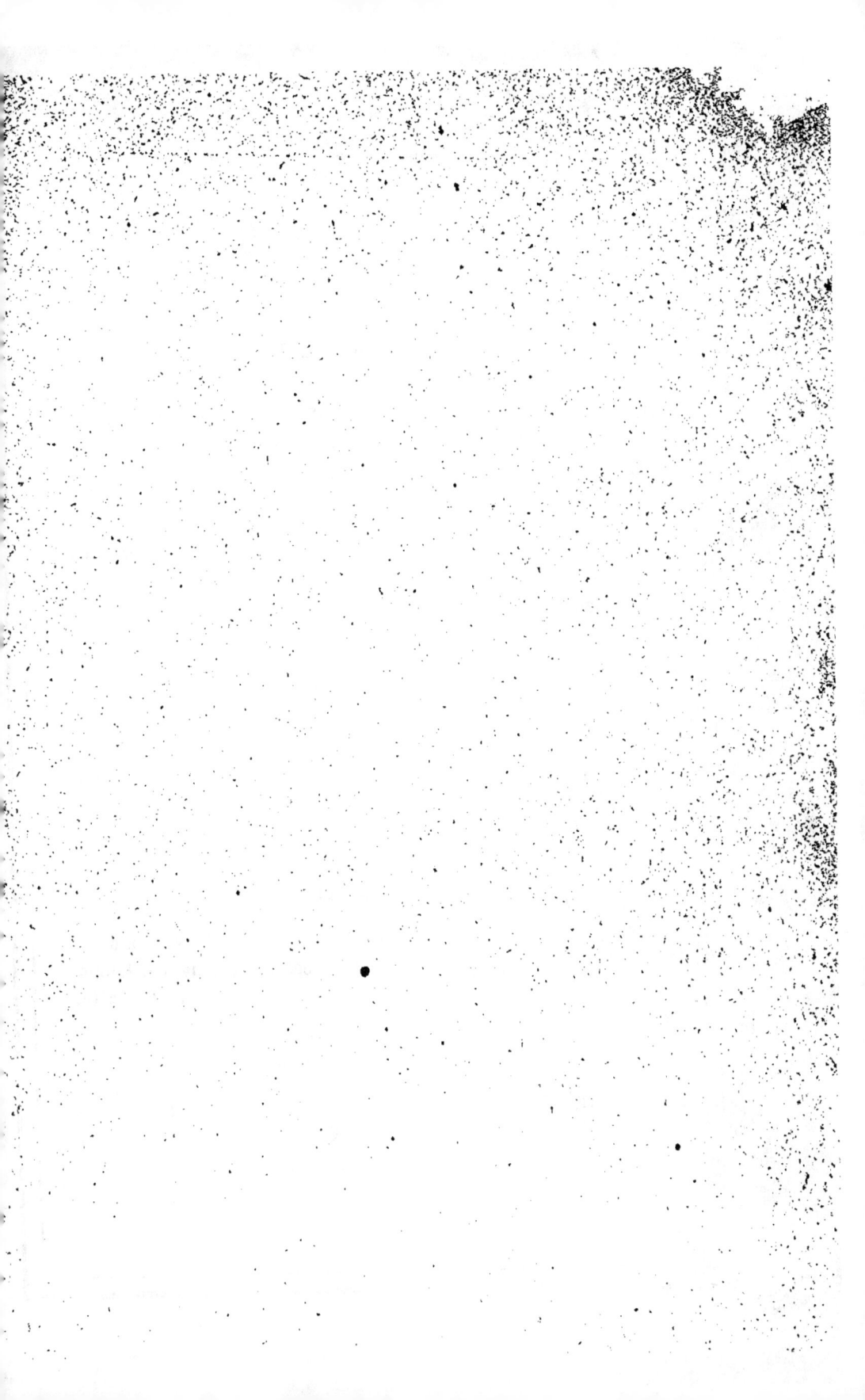

www.ingramcontent.com/pod-product-compliance
Lightning Source LLC
Chambersburg PA
CBHW070938280326
41934CB00009B/1930